KB212202

해월신사법설
海月神師法說

동 학 네 오 클 래 식

05

해월신사법설

海月神師法說

라 명 재 역주

모시는사람들

　최근 동경대전 주해서들이 나오고 동학에 대한 관심이 급증하고 있어 반갑기 그지없다. 그동안 동학을 해석한 수많은 동경대전 주해서가 나왔지만 최초의 주해는 역시 해월 선생이 하신 것이고, 해월 선생이 해석한 동학이야말로 수운 선생과 동시대를 살며 수운 선생의 인정을 받아 진전을 이룬 정통의 해석이란 점을 강조하지 않을 수 없다.

　나아가 단순히 해석에 머무르지 않고 삶에, 실생활에 끊임없이 실천하고 적용하며 쉽게 풀어주신 말씀들은 수많은 포덕과 세상을 움직인 역사가 증명하듯, 그 어느 누구도 따라오지 못할 해월 선생의 도력이다.

　수운 선생이 하늘에 계신 줄로만 알던 한울님을 사람이 모시고 있다(侍天主)고 밝히시며 하늘을 바꾸셨다면, 해월 선생은 사람이 곧 한울이니(人是天) 실제 삶에서 사람을 대할 때 한울처럼 하라고(事人如天; 대인접물) 가르쳐 세상을 바꾸셨다. 이것이 의암 선생의 인내천(人乃天)으로 이어졌음은 물론이다. 나아가 사람뿐 아니라 물건까지 한울로 확장하고 공경하는 해월의 가르침(삼경)도 우리의 삶에 밀착한 가르침이고, 앞으로 우리 세상이 어떻게 변해야 할지 가리키고 있다.

수운 선생의 시천주에서 고천(告天, 心告)의 실천이 행해졌고, 해월 선생은 무형의 한울과 유형의 사람이 먹는 것으로 이어지고 서로 의지하고 있어, 먹는 것이 한울의 외유기화를 모시는 실천임을 알려주셨다. 이것이 식고(食告)와 이천식천(以天食天)의 수행이다.(이천식천) 그래서 "밥 한 그릇 먹는 이치를 아는 것이 만사를 아는 것"(천지부모) 이 되는 것이다.

수운 선생이 한울님으로부터 영부를 받아 사람들을 질병에서 구하라는 가르침을 받았다면, 해월 선생은 이를 마음을 다스리고 기운을 바르게 하여 병을 고치는 이치로 밝혀 주셨다. 나아가 그로써 삶을 바꾸고 세상을 개벽하는 것을 알려주셨다.(영부주문, 이심치심)

수운 선생이 시천주의 진리에 따라 여종 둘을 수양딸과 며느리로 들여 신분 차별을 극복하는 실천을 하셨다면, 해월 선생은 '일남구녀(一男九女)의 운'이라며 부인수도를 강조하고 "부인도통으로 사람 살리는 이가 많을 것"(부인수도)이라고 하시며 억압받던 여성을 위하고 여성적인 가치를 중시하는, 문명의 전환을 예시하는 가르침을 주셨다.(내칙, 내수도문)

수운 선생이 가고 돌아오지 않음이 없는 이치(無往不復之理)와 다시 개벽을 말씀하셨고, 해월 선생은 이를 한울의 운과 사람의 운이 바뀌는 이치로 설명하시며 세상이 어떻게 달라질 것인지, 어떻게 바뀌어

야 할 것인지를 제시하셨다.(개벽운수)

수운 선생은 선조의 음덕이 이어져 자신이 도를 이룰 수 있었다고 하셨다.(수덕문) 해월 선생은 삶과 죽음이 하나로 이어져 있고, 조상의 영이 별개의 영계로 가는 것이 아니라 후손에게 이어져 하나 되고 있음을 밝혀주셨다. 이로써 하늘에 절하고 귀신에 절하고 벽에 절하던 것을, 180도 뒤집어 내게 마음으로 절하는 제사의 혁명이, 사후관의 혁명이 이루어진 것이다.(향아설위)

이렇듯 해월 선생의 모든 가르침은 스승인 수운 선생의 가르침을 재해석하여 심화하고 확장한 것이다. 열거하자면 끝이 없지만, 무엇보다 수운 선생의 '마음공부'를 구체적인 수행의 가르침(수심정기, 성경신, 독공, 수도법)으로 오늘까지 전해, 그 도맥을 이어주신 것이야말로 해월 선생의 가장 큰 공이 아닐 수 없다.

수운 선생이 뿌린 씨앗을 해월 선생의 이런 삶에 실천하고 체험한 재해석과 가르침이 아니었다면, 꺼져 가던 동학의 불씨를 세상을 바꾸는 거대한 화염으로 키워낼 수 있었을까?

오늘 제일 필요한 것도 해월 선생의 이런 모습이 아닐까? 스승님의 말씀을 오늘의 언어로 쉽게 풀어내고, 그것을 오늘 우리 삶의 현장에 적용하며 가르침을 주는 살아 있는 한울님의 말씀 말이다.

"한울님은 마음이 있으나 말이 없고, 성인은 마음도 있고 말도 있으

니, 오직 성인은 마음도 있고 말도 있는 한울님입니다."(성인지덕화)

또한 해월 선생이 1863년 8월 14일 수운 선생으로부터 도통을 이어받고 1898년 6월 2일 72세로 순도하실 때까지 활동하시던 30여 년의 시기는, 이 땅에서 왕조가 저물고 새로운 민본 의식이 수구세력과 외세의 압제를 뚫고 치열하게 일어나던 역사의 격변기였다. 해월 선생의 법설 속에는 그 역사의 현장을 고뇌하고 성실하게 살아가는 우리의 할아버지들의 친근한 이름과 생활상이 그대로 등장하는, 말 그대로 우리 근대사의 살아 있는 역사서이기도 하다.

모쪼록 이 귀한 말씀들을 보고 느끼고 나아가 삶에서 즐기며, 살아 있는 말씀이 되도록 한다면 해월 선생이 가장 기뻐하시지 않을까 생각한다.

2021년 8월
라명재

해월신사법설 海月神師法說

머리말 —— 5

여는 글 / 해월 최시형 선생과 법설 —— 11

해월신사법설 —————————————— 19

一. 天地理氣 천지이기 ——————————— 20

二. 天地父母 천지부모 ——————————— 29

三. 道訣 도결 ——————————————— 37

四. 天地人 · 鬼神 · 陰陽 천지인 · 귀신 · 음양 ——— 47

五. 虛와 實 허와 실 ———————————— 53

六. 心靈之靈 심령지령 ——————————— 57

七. 待人接物 대인접물 ——————————— 62

八. 靈符呪文 영부주문 ——————————— 73

九. 守心正氣 수심정기 ——————————— 80

十. 誠 · 敬 · 信 성 · 경 · 신 ——————————— 87

十一. 篤工 독공 ————————————— 94

十二. 聖人之德化 성인지덕화 ——————— 100

十三. 天道와 儒佛仙 천도와 유불선 ————— 104

十四. 吾道之三皇 오도지삼황 ——————— 106

十五. 開闢運數 개벽운수 ───── 108

十六. 修道法 수도법 ───── 122

十七. 夫和婦順 부화부순 ───── 126

十八. 婦人修道 부인수도 ───── 130

十九. 向我設位 향아설위 ───── 132

二十. 用時用活 용시용활 ───── 140

二十一. 三敬 삼경 ───── 142

二十二. 天語 천어 ───── 146

二十三. 以心治心 이심치심 ───── 148

二十四. 以天食天 이천식천 ───── 150

二十五. 養天主 양천주 ───── 153

二十六. 내수도문 內修道文 ───── 155

二十七. 내칙 內則 ───── 159

二十八. 十毋天 십무천 ───── 162

二十九. 臨事實踐十個條 임사실천십개조 ───── 165

三十. 明心修德 명심수덕 ───── 168

三十一. 修道 수도 ───── 173

三十二. 三災 삼재 ───── 176

三十三. 布德 포덕 ───── 178

三十四. 吾道之運 오도지운 ───── 181

三十五. 降書 강서 ───── 185

三十六. 降詩 강시 ───── 197

三十七. 其他 기타 ───── 208

해월 최시형 선생과 법설

1.

해월 최시형(처음 이름 최경상, 海月 神師, 1827~1898) 선생은 1827년(순조 27년) 3월 21일 경주 동촌 황오리(현재 경주시 황오동)에서 태어났다. 해월 선생이 5세 때 어머니가 돌아가시고 12세 때 아버지마저 돌아가시어 여동생과 함께 먼 친척집을 전전하며 의탁하여 지내다가, 17세 때 제지소에 들어가 일한다. 19세에 밀양 손씨와 결혼하여 경주 신광면 마북동에서 살았는데, 평소의 공명정직한 생활로 마을사람들의 신망을 얻어 집강(오늘날의 이장) 소임을 맡았다. 고아가 되어 떠돌아다니던 신세로 이 정도 자립과 중망을 얻었다는 것은 해월 선생의 근면과 성실한 성품이 남달리 뛰어났다는 뜻이다. 33세 때 마북동에서 더 안쪽으로 들어간 산중 화전마을인 검곡으로 이사하여 살던 중, 35세(1861) 때에 동학 창도 소식을 듣고 용담으로 수운 최제우 선생을 찾아가 입도했다.

해월 선생은 입도한 후에는 매달 서너 차례 검곡에서 용담정으로 수운 선생을 찾아뵙고 도를 배우는 데 정성을 다하였고, 집에서도 독실하게 수도하였다. 그러던 중 해월 선생은 '대선생님(수운)께서 독공하실 때 한울님 말씀을 들었다 하시니 성력을 다하여 한울님 마음을 움직이리라' 마음먹고 한겨울 혹한에 매일 목욕재계를 하며 용맹정진하였다. 이렇게 몇 달을 하던 중 어느 날 찬물에 몸을 담갔는데, 문득 공중에서 "찬물에 갑자기 않는 것은 몸에 해로우니라" 하는 소리가 들리므로 이상히 여겨 냉수욕을 끊었다. 그뒤 수운 선생에게 이 일을 말씀드리니 수운 선생은 "그대가 한울님 말씀을 들은 시간은 내가 전라도 은적암에서 「수덕문」을 읊던 시각이니, 「수덕문」 가운데 '양신소해(陽身所害)는 우한천지급좌(又寒泉之急坐)니라(몸에 해로운 것은 또한 찬물에 갑자기 않는 것이니라)' 하는 구절이 있어, 나의 글 읽는 소리가 (우주의 근원 기운인 지기를 통해) 그대에게 들린 것이다." 하였다. 오심즉여심(吾心卽汝心)의 체험을 한 것이다.

이후 해월 선생은 지극한 정성으로 수도에 전념하여 많은 이적을 남겼고, 또한 많은 포덕을 하여 '검악 포덕'이라고 널리 알려졌다.

1862년 3월에 수운 선생이 은적암에서 경주로 돌아오면서 더욱 많은 포덕이 되었는데, 경주 인근은 물론 경상도 일대와 전라도에서도 찾아와 입도하는 사람이 끊이지 않았다. 경주 관아에서 이를 주시하다가 수운 선생을 체포하였는데, 이 소식을 듣고 모여든 수백명 제자들의 압력에 굴복해 석방하였다. 수운 선생은 관의 지목을 피하기 위해 박대여의 집에서 용담정으로, 다시 홍해의 손봉조의 집 등으로 옮겨다니며 제자들을 지도하다가, 늘어가는 도인들을 효과적으로 바르게 인도하기 위해 각 지역별로 우수한 제자들을 접주로 정하여, 관내의 도인들의 지도와 교화를 담당하게 하니 이것이 접주제의 시작이요 교단 조직의 시초이다. 이때 16지역의 접주를 임명하였다.

접주제를 시행한 후에는 수운 선생은 이리저리 피해 다니는 행각을 그만두고 용담정으로 돌아와 집중적인 지도를 시작하였다. 1863년 7월에 접을 열고(開接) 각지의 접주들이 인솔해 온 수십 명씩의 도인들을 지도했다. 7월 23일 파접(罷接)하는 날 최경상(해월)을 북도중주인(北道中主人)으로 임명하였다. 이때 이미 수운 선생은 당신에게 유고가 생긴 이후의 도의 장래를 책임 질 후계 체계를 염두에 둔 것이다. 8월 13일 해월 선생이 수운 선생과 함께 추석을 지내기 위해 용담정에 찾아왔다. 수운 선생은 주위를 물린뒤 해월 선생과 마주 앉고 "수족을 마음대로 움직여 보라" 하였다. 그런데 최경상은 말도 할 수 없고 수족도 움직일 수 없었다. 잠시 후 말을 할 수 있게 되어 그 까닭을 묻자 "내 마음이 네 마음이요 내 기운이 네 기운이라. 이는 곧 천지만물이 한 지기(至氣)로부터 화생한 증거라" 말씀하였다. 다음날 8월 14일 "용담수류사해원(龍潭水流四海源) 검악인재일편심(劍岳人在一片心)"이라는 글과 수심정기(守心正氣) 등의 글을 써 주며 해월 선생에게

도통을 전수하니 이로써 심법전수(心法傳授)가 이루어진 것이다.

2.

수운 선생이 1864년 3월 10일에 대구 관덕정(장대)에서 순도한 이후 관의 지목은 후계자인 해월 선생에게 집중되었다. 해월 선생은 관의 추격을 피해 이리저리 옮겨 다니며, 흩어진 도인들을 수습하느라 고충이 이루 말할 수 없었다. 한밤중에 자다가도 급히 피신하기를 거듭하는 형편임에도 해월 선생은 항상 보따리를 지니고 다녀 '최보따리'라는 별명을 얻었다. 보따리 안에 수운 선생의 경편(經篇, 후에『동경대전』과『용담유사』로 편집 간행)의 원본이 있었을 것으로 여겨진다.

해월 선생은 동학 도인들의 숫자가 날로 늘어나자 1879년 11월 수운 선생 문집 편집소를 인제군 방시학의 집에 설치하고, 수운 선생 및 해월 선생의 일대기를 중심으로 한 교단사를 정리하여 간행하였고 (『도원기서』-1부만 발행후 秘藏), 이듬해 1880년 5월 경전 간행소를 인제군 남면 갑둔리 김현수의 집에 설치하고『동경대전』(경진판)을 간행하였다. 1881년 6월에 다시 간행소를 단양군 남면 여규덕의 집에 개설하고『용담유사』를 간행하였다. 1883년 2월에 경전 간행소를 충청도 목천군에 설치하고『동경대전』천여 부를 간행하여 각 포에 분포하였으며, 그해 여름에 다시『동경대전』경주판을 간행하였다. 이는 동학 포덕이 날로 늘어나서 경전의 수요가 그만큼 늘어났다는 뜻이기도 하고, 또 큰 비용이 드는 경전 간행을 감행할 만큼 여유가 생겼다는 뜻이기도 하다.

이처럼 동학교단이 다시 성장하자 조선 조정과 지방 정부의 관원들의 탄압과 지목이 재개되었고, 이에 대한 교단의 대응은 교조신원운동(1892~1893)을 거쳐 동학혁명(1894~1895)으로 발전되어 갔다.

국내 정치의 혁명과 대일 항전의 성격이 중첩된 동학혁명이 좌절된 이후 동학을 소탕하기 위한 검색이 전국적으로 매우 심하여 해월 선생과 도인들의 고초가 막심하였다. 1896년 1월 5일에 해월 선생은 수제자인 손병희(孫秉熙, 1861~1922)에게 "그대의 절의는 천하에 미칠 자 없다" 하시면서 의암(義菴)이라는 도호를 내리고 청주, 충주 등지를 순회하며 도심을 수습케 하였다. 1월 11일에는 손천민에게 송암(松菴), 김연국에게 구암(龜菴)이라는 도호를 주고 의암과 함께 3인을 불러 "세 사람이 마음을 합하면 천하가 이 도를 흔들고자 하여도 어찌하지 못하리라" 하였다.

1897년 12월 24일에는 해월 선생이, 3인 중의 주장을 의암 손병희로 정하여 도통을 전수하였다.

1898년 4월 5일 해월 선생은 원주 송골에서 체포되어 서울로 압송되었다. 그해 6월 2일 한성의 감옥에서 교수형을 받아 순도하시니 향년 72세였다. 의암 선생은 이종훈 등과 시신을 수습하여 경기도 광주에 장례지냈다가, 그로부터 3년 후 여주군 금사면 천덕산 자락에 이장하여 오늘에 이르고 있다.

3.

『해월신사법설』은 수운 선생의 『동경대전』, 『용담유사』와는 다른 경로를 거쳐 오늘의 모습을 갖추게 되었다. 즉, 해월 선생이 직접 저술한 것보다는 선생을 수행하던 제자들이 해월의 말씀을 받아 적은 기록들을 모아 편집한 것이 『해월신사법설』이다. 송암 손천민이 기록한 것으로 전해지는 〈이기대전〉은 조정에서 동학 관련 문서를 몰수하여 모아 놓은 규장각의 '동학서(東學書)'의 일부로 그 안에 천지이기, 천주직포(대인접물) 등의 말씀이 수록되어 있다.

1907년에 천도교중앙총부에서 간행한 『천약종정(天約宗正)』이라는 교서에 신사 법설이 일부 수록돼 있고, 1910년대에 양한묵은 교인들 사이에 단편적으로 전해지던 신사 법설을 '도종법경'이라는 이름으로 정리하고 주해한 뒤 강습교재로 사용한 것으로 전해진다('도종법경'은 현재 전해지지 않는다. 양한묵은 「동경연의」를 주해하여 '천종법경', 해월신사법설을 주해하며 '도종법경'이라 이름하고 강습 교재로 사용하였다) 1910년대 초에 『천도교회월보』(천도교)에 연재한 「천도교서」와, 1914년에 간행한 『천경정의(天經正義)』(시천교), 1920년대에 간행한 『천도교서(天道敎

書)』(천도교)에도 역시 단편적이기는 하지만 신사 법설이 수록되어 있다. 그리고 1933년에는 야뢰 이돈화가 『천도교창건사』에 향아설위, 삼경설, 천어의 해석, 이심치심, 이천식천, 양천주설을 신사의 말씀으로 수록하여 발간하였다.

이렇듯 단편적으로 흩어져 전해져 오던 신사 법설은 1961년 4월 5일 삼부경전(三部經典: 1부-『동경대전』『용담유사』, 2부-『해월신사법설』, 3부-『의암성사법설』)의 체제로 『천도교경전』에 수록되면서 처음으로 체계화되었다. 이때 경전의 목차를 편집하면서 수운 선생의 『동경대전』과 『용담유사』를 '천종법경(天宗法經)', 『해월신사법설』을 '도종법경(道宗法經)', 『의암성사법설』을 '교종법경(敎宗法經)'이라고 하였다. 천종, 도종, 교종이란 말은 양한묵이 사용한 것에서 보듯이 1900년대부터 쓰던 말이다. 1961년판 『천도교경전』의 의의는 세 분의 교조를 동등한 관계로 보고, 특히 '천종(天宗)', '도종(道宗)', '교종(敎宗)' 등 이들 세 교조들의 '천(天)'과 '도(道)'와 '교(敎)'의 가르침에 의하여 '천도교'가 이룩되었다는 의미를 강조한 점이다. 이때 틀이 잡힌 삼부경전의 체계는 이후 몇 차례의 수정을 거쳐 오늘에 이르고 있다. 많은 연구가 이루어진 수운 선생 편과 비교적 근대 이후에 각각의 경편(經篇)으로 간행되었던 것을 모은 성사 법설 편은 원본에서 큰 가감이 없는 반면, 원본의 문헌이 부족하고 산재한 신사 법설 편은 각각의 경편의 출입에 논란이 있어 몇 차례의 개정판마다 추가된 것과 누락된 것이 있는

데 그 구체적인 이유는 기록이 없어 알 수 없다.(자세한 내용은 윤석산, 「해월 법설의 문헌적 고찰」, 『주해동경대전』, 모시는사람들, 2021 참조)

『천도교경전』 중 신사 법설 편은 비교적 쉬운 말씀으로 되어 있어서 천도교인은 물론 일반인들도 모두 가장 먼저 공부하는 편이고, 말씀의 깊이와 울림은 가볍지 않아서 틈 날 때마다 살펴보고, 또 그때마다 감동과 깨우침을 주는 말씀들이 아주 많다. 이 동학 네오클래식 시리즈에 신사 법설을 소개하면서, 많은 이들이 좀 더 쉽게 접할 수 있도록 친근하게 번역하고자 애썼으나 기대에 미치진 못한 듯하다. 번역이 마음에 와 닿지 않는 부분이 있으면 원문과 비교하며 읽어 보는 것도 좋은 공부가 될 것이다.

한 가지 강조하고자 하는 바는 말투에 관한 것이다. 동학의 스승들은 제자들에게 존대했을까 하대했을까? 사람 섬기기를 한울님 대하듯 하라고 가르친 분들이 제자들에게도 한울님 대하듯 존대하지 않았을까? 본인이 직접 저술한 수운 선생 편과 의암 선생 편은 문어체이지만, 제자들이 한문으로 받아 적은 해월 선생 편은 실제 당시 말씀을 재현하듯 구어체로 번역해 보았다. 해월 선생이 직접 저술한 「내칙」과 「내수도문」을 보면 경어를 쓰고 있다는 점도 감안하였다.

해월신사법설
(海月神師法說)

一. 天地理氣천지이기 : 천지의 근본에 대하여

1. 古語에 日 天地는 一 水塊也니라
고 어　왈 천 지　일 수 괴 야

옛 글에 이르기를 '형상이 있는 하늘과 땅의 모든 것은 근본이 한
물 덩어리일 뿐이라'고 했습니다.[1]

2. 天地未判前은 北極太陰一水而已矣니라.
천 지 미 판 전　북 극 태 음 일 수 이 이 의

왜 그런가, 하늘과 땅이 나누어지기 전 태초는 아득한 깊은 어둠
속 한 물일 뿐이었기 때문입니다.[2]

---

1 물은 음의 상징으로, 양(火)이 위로 오르고 퍼진다면, 음(水)은 아래로 내려가며 포용한다.
　우주 공간은 99.9%가 텅빈(虛) 음의 공간이다.
2 주역, 계사상전 12장에 "易有太極하니 是生兩儀하고, 兩儀生四象하고, 四象이 生八卦라"
　했다. 팔괘는 천지만물의 쉬지 않고 변화하는 모습을 상징한다. 북은 물이 상징이고, 숫
　자로는 육이 상징한다. 음양이 나뉘기 전 무극(=태극)은 시간도 공간도 없는 '무'의 상태이
　다. 무극은 양보다 음에 가까우므로 물이 상징한다.

3. 水者는 萬物之祖也인저
   수 자 만 물 지 조 야

그러므로 어머니가 자식을 낳듯, 물은 만물의 근원입니다.[3]

4. 水有陰水陽水也하니 人能見陽水하고 不能見陰水也인저 人之
   수 유 음 수 양 수 야   인 능 견 양 수   불 능 견 음 수 야   인 지
   在於陰水中이 如魚之在於陽水中也인저 人不見陰水이 魚不
   재 어 음 수 중   여 어 지 재 어 양 수 중 야   인 불 견 음 수   어 불
   見陽水也니 確徹大悟然後에야 能睹[4]此玄妙之理也인저
   견 양 수 야   확 철 대 오 연 후   능 도 차 현 묘 지 리 야

물에는 보이지 않는 물(음수)[5]과 보이는 물(양수)이 있습니다. 사람
은 물(양수)은 볼 수 있지만 공기(음수)는 보지 못합니다. 사람이 공
기 속에서 사는 것이 마치 고기가 물속에서 사는 것과 같습니다.
마찬가지로 사람은 공기를 보지 못하고 고기는 물을 보지 못합니
다. 보이는 것 너머를 보는 큰 깨달음으로 확실히 통한 후에야 내
가 어디에 어떻게 살고 있는지, 이 깊고 미묘한 이치를 분별하여
알 수 있게 됩니다.

3 여기서 물은 무극을 상징하는 물(음수)과 물리학적 물(양수) 두 가지 의미로 쓰였다.
4 睹 볼 도. 目+者의 합성어. 者는 모으다의 뜻 = 시선을 한 곳에 집중해서 보다.
5 음수는 사람이 호흡하는 대기 또는 우주의 원기인 지기이다.

5. 何以爲日이며 何以爲月乎아 日은 陽之精也요 月은 陰之精也인저[6]
   하 이 위 일　　하 이 위 월 호　일 　양 지 정 야　월　음 지 정 야

무엇이 해가 되었으며 무엇이 달이 되었을까요. 밝은 양의 정기가

해가 되고 어두운 음의 정기는 달이 되었습니다.

6. 日「太陽은 火之精이요 太陰은 水之精이니 火亦出於水乎아」
   왈　태 양　화 지 정　　태 음　수 지 정　　화 역 출 어 수 호
   日「然矣라」
   왈　연 의

묻기를 "태양은 불의 정기요 태음은 물의 정기인데, 불도 또한 물

에서 나왔습니까." 대답하시기를 "그러합니다."[7]

7. 日「何爲其然也이까」日「天地도 一水而已어든 又況其間化出
   왈　하 위 기 연 야　　왈　천 지　일 수 이 이　　우 황 기 간 화 출
   之二七火 奚[8] 獨不出於北極一水中乎아 故로 日天地未判之
   지 이 칠 화 해　독 불 출 어 북 극 일 수 중 호　고　왈 천 지 미 판 지
   前은 北極太陰一水而已者此之謂也인저」
   전　북 극 태 음 일 수 이 이 자 차 지 위 야

6 精 찧은 쌀 정, 자세한 면밀한 정. 정수, 정기, 정령의 준말로도 쓰인다.
7 불이나 물은 상징이다. 무극(물)에서 만물이 시작되었음을 생각해 보라.
8 奚 어찌 해.

묻기를 "어찌하여 그러합니까." 대답하시기를 "하늘과 땅도 모두 물일 뿐이고, 만물의 근원도 물인데 그 속에서 생겨 나온 불도 역시 아득한 깊은 어둠 속 한 물에서 나지 않았겠습니까? 그러므로 하늘과 땅이 나뉘기 전은 한 덩어리 물일 뿐이라고 하는 것은 이를 말하는 것입니다."

8. 曰「何謂天開於子乎이까」曰「卽北極一六水也 故로 天一生
   왈 하위천개어자호   왈   즉북극일륙수야 고   천일생
水者也 此曰天一生水라 하니 水生於天乎아 天生於水乎아 水
수자야 차왈천일생수   수생어천호   천생어수호   수
生天하고 天反生水하며 互相變化하여 造化無窮也인저 然而 陽
생천   천반생수   호상변화   조화무궁야   연이 양
은 屬之乾故로 體乾健無息之理하여 有晝顯夜冥之度하고 無晦
  속지건고   체건건무식지리하여 유주현야명지도하고 무회
望盈虛之數하며 陰은 屬之坤故로 有晦望虧滿之度하고 與潮水
망영허지수   음   속지곤고   유회망휴만지도하고   여조수
往來하여 相配相沖하니 婦人經道도 亦體此理也인저」
왕래   상배상충   부인경도 역체차리야

묻기를 "어찌하여 세상이 한밤중(자시)에 시작되었다고 합니까." 대답하시기를 "그것은 방향으로는 아득한 끝(北極)에서 시작되었음을 뜻하고, 수로는 오행이 시작되는 일과 육이며 물질의 성질로는 물(一六水)이 생긴 것을 말합니다.[9] 그러므로 무형의 한울이 처

---

9 물은 오행에서 숫자 일과 육, 방위는 북쪽, 시간은 자시(23시-01시)이다. 가장 음이 성할

음으로 유형의 물을 낳았다고 하는 것입니다. 물이 한울에서 생겼나요, 한울이 물에서 생겼나요. 유형한 물이 한울을 낳고 무형한 한울이 도리어 물을 낳아, 서로 변하고 화하여 조화가 무궁해진 것입니다.

그러나 양은 하늘에 속했으므로 굳세고 쉼이 없는 이치를 바탕으로 합니다. 그러므로 낮에는 훤히 밝고 밤에는 어두운 큰 변화가 있으나, 그믐과 보름에 달이 가득 찼다 줄었다 하듯 작은 변화는 없습니다. 반면에 음은 땅에 속했으므로 그믐과 보름에 이지러졌다 가득 찼다 하는 점진적인 변화가 있어서, 바다의 밀물과 썰물이 이런 변화와 함께 짝하여 들어오고 나갑니다. 또한 음에 속한 여성의 월경도 또한 이 이치를 바탕으로 한 것입니다."[10]

때다. 음이 극성하면 양의 기운이 태동한다. 그러므로 한겨울 동지에 봄의 기운이 비롯되고, 한여름 하지에는 가을의 기운이 비롯된다. 주역의 근거가 된 河圖에 따르면 天數(1, 3, 5, 7, 9)와 地數(2, 4, 6, 8, 10)가 있고 이것을 대정수라 한다. 각각의 관계와 상징하는 것은 다음과 같다. 1(天)生 - 6(地)成 - 水 - 北 / 2(地)生 - 7(天)成 - 火 - 南 3(天)生 - 8(地)成 - 木 - 東 / 4(地)生 - 9(天)成 - 金 - 西 / 5(天)生 -10(地)成 - 土 - 中 (금장태, 『조선유학의 주역사상』, 38쪽) 이것이 오행이고, 오행에서 물은 일에서 생하고 육에서 이루어지며 그 방위는 북쪽을 상징한다. 주역, 계사상 9장에 '일이 변하여 물을 낳으면 육이 화하여 이룬다.'고 하였다. 십은 완전수로, 음양이 합일되는 진리를 상징한다.

10　해는 陽, 乾卦, 남성의 상징이고 달은 陰, 坤卦, 여성의 상징이다. 해가 뜨면 밝고, 지면 어둠이 된다. 중간은 없다. 그러나 달은 초승달에서 보름달, 다시 그믐달로 정도에 변화가 있다. 남자들은 '모 아니면 도' 식의 도박을 좋아하고 성공과 좌절을 반복하지만 여성들은 상황이 안 좋으면 움츠러들어 원기를 보존하다 때가 되면 활짝 피는 유연함이 있다. 서로 보완하고 같이 해야 할 이유다.

9. 大凡 斯人이 凝胎厥初에 一點水而已요 至一月하여 其水形如
   대범 사인 응태궐초 일점수이이 지일월 기수형여

露하고 至二月하여 其水形如箇珠하고 至三月하여 以化工玄妙
로 지이월 기수형여개주 지삼월 이화공현묘

造化之手段으로 收母氏血氣하사 輸入胎門하여 先成鼻目하고
조화지수단 수모씨혈기 수입태문 선성비목

次次成形하고 頭圓體天하여 象太陽之數하고 體魄象太陰하고
차차성형 두원체천 상태양지수 체백상태음

五臟象五行하고 六腑象六氣하고 四肢象四時하고 手掌은 卽從
오장상오행 육부상육기 사지상사시 수장 즉종

心所欲造化之手故로 一掌之內 特排八門 九宮 太陰 太陽 四
심소욕조화지수고 일장지내 특배팔문 구궁 태음 태양 사

時 十二月之數而化生인저
시 십이월지수이화생

모든 사람이 잉태할 처음에도 한 점의 물뿐입니다.[11] 일 개월이 되면 그 물이 증식해 이슬과 같은 형상이 되고, 이 개월이 되면 그 물의 형상이 한 알의 구슬처럼 자랍니다. 삼 개월이 되면 태문(배꼽)으로 어머님 피와 기운을 받아 몸의 각 부분을 깊고 미묘하게 그러면서도 조화롭게 만들어 갑니다. 그중 먼저 코와 눈을 이루고 차차 모든 몸의 형상을 이룹니다.[12] 사람의 머리가 둥근 것은 하늘을 바탕으로 하여 태양을 상징하고, 보이지 않는 넋은 태음을 상징하

---

11 눈에 보이지 않는 세포 하나가 증식해 백조 개의 세포로 구성된 몸을 이룬다.
12 정자와 난자가 수정(하나의 세포; 한점의 물)되어 자궁에 착상되면 4-5주경엔 임신낭(이슬모양의 물주머니)이 확인되고, 6-7주경엔 임신낭 내에 난황낭이라는 반지 모양이 보이면서 심박동이 확인된다. 10-12주면 태아의 모든 형상이 갖추어져 보인다.

고,[13] 오장은 오행을 상징하고,[14] 사지는 사계절을 상징합니다.

손은 마음 내키는 대로 하는 조화의 수단이므로 한 손바닥 안에 특별히 팔문, 구궁,[15] 태음, 태양, 사시, 열두 달의 수를 늘어놓아[16] 우주의 이치가 형상화된 몸이 생겨납니다.[17]

10. 或이 問曰「理氣二字에 何者居先乎이까」答曰「天地 陰陽
　　혹　문왈　　이기이자　하자거선호　　답왈　　천지 음양
日月於千萬物化生之理 莫非一理氣造化也 分而言之면 氣者
일월어천만물화생지리 막비일이기조화야 분이언지　기자

13　동아시아에서는 전통적으로 天圓地方이라 하여 하늘은 둥글고 땅은 네 방향의 모서리가 있다고 여겼다. 하늘의 기운은 魂이고 땅의 기운은 魄이므로 사후에 혼은 하늘로 백은 땅으로 돌아간다고 여겼고, 머리는 둥근 하늘을, 四肢는 네모진 땅을 상징한 것으로 보았다.

14　오장은 간장 · 심장 · 비장 · 폐장 · 신장. 육부는 대장 · 소장 · 쓸개 · 위 · 삼초(三焦) · 방광을 말하며, 육기는 하늘과 땅 사이의 생명 변화하는 모든 기를 상징한다.

15　八門은 生門 · 傷門 · 杜門 · 景門 · 死門 · 驚門 · 開門 · 休門. 九星은 太乙 · 攝提 · 軒轅 · 招搖 · 天符 · 靑龍 · 咸池 · 太陰 · 天乙. 九星에 中宮과 八卦를 八門에 배합한 것이 九宮.

16　엄지의 두 마디는 음, 양을 상징하고 나머지 네 손가락의 세 마디는 1월부터 12월까지이다. 중지가 긴 것은 여름(음력 4, 5, 6월)이 긴 것을 상징하고 새끼손가락이 짧은 것은 겨울(음력 10, 11, 12월)이 짧은 것을 상징한다.

17　동양에서는 예부터 인간을 소우주로 여겨 한 존재 안에 우주의 이치가 그대로 담겨 있다고 여겼다. 자연과 인간은 분리된 것이 아니라 한 기운 안에서 교감하고 하나일 때 건강한 것이므로, 인간은 자연의 이치에 맞게 살아야 하고 그 이치를 거스르면 병이 생긴다. 이렇게 하늘과 사람이 서로 응한다는 天人相應 개념은 전통의학에도 그대로 반영된다. "하늘은 둥글고 땅은 나란하니 사람의 머리가 둥글고 발이 나란히 응하고, 하늘에 해와 달이 있으니 사람에게도 두 눈이 있고, …하늘에 사계절이 있으니 사람에게도 사지가 있고, 하늘에 오음이 있으니 사람에게도 오장이 있고, 하늘에 육률이 있으니 사람에게도 육부가 있고…이것이 사람과 천지가 서로 응하는 것이다." (황제내경, 영추, 사객)

天地 鬼神 造化 玄妙之總名이니 都是一氣也인저」
천지 귀신 조화 현묘지총명   도시일기야

어떤 이가 묻기를 "이치와 기운 두 글자에 어느 것이 먼저 입니까."
대답하시기를 "하늘과 땅, 음과 양, 해와 달, 모든 만물이 화생한 이
치가 한 이치 기운의 조화 아님이 없습니다. 나누어 말하면 기란
것은 하늘과 땅의 작용, 뻗어가거나 돌아오는 기운, 깊고 미묘한
조화를 총칭한 이름이니 이 모두가 오직 한 기운뿐입니다."

11. 又曰「化生天理요 運動天氣니 以理化生이요 以氣動止則 先
    우왈 화생천리 운동천기 이리화생   이기동지즉 선
理後氣도 亦是當然이니 合言하면 鬼神氣運造化가 都是一氣也
리후기 역시당연   합언   귀신기운조화   도시일기야
요 分言하면 鬼神은 難形難測이요 氣運은 剛健不息이요 造化는 玄
  분언   귀신 난형난측   기운 강건불식   조화 현
妙無爲니 究其根本이면 一氣而已니라 明辨하면 初宣氣는 理也요
묘무위 구기근본   일기이이   명변   초선기 리야
成形後運動은 氣也니 氣則理也라 何必分而二之리오 氣者는 造
성형후운동 기야 기즉리야 하필분이이지   기자 조
化之元體根本也요 理者는 造化之玄妙也니 氣生理하고 理生氣
화지원체근본야 이자 조화지현묘야 기생리   이생기
하여 成天地之數하고 化萬物之理하여 以立天地大定數也인저」
    성천지지수   화만물지리   이립천지대정수야

또 말씀하시기를 "한울 이치에 따라 만물이 생기지만 그것을 움직
이는 것은 한울 기운입니다. 이치로 화생하고 기운으로 움직이는
것이니, 먼저 이치요 뒤에 기운이라고 하는 것도 당연합니다.

一. 天地理氣천지이기

27

합하여 말하면 귀신, 기운, 조화가 오직 하나의 한울 기운 작용일 뿐이고, 나누어 자세히 말하면 귀신은 형상하기 어렵고 헤아리기도 어려운 기운 작용을 말하고,[18] 기운은 굳세고 건실하여 쉬지 않는 작용을, 조화는 깊고 미묘하여 함이 없이 되는 작용을 말함이니, 그 근본을 상고하면 한 기운뿐입니다.

밝게 분별하여 말하면 처음에 기운을 편 것은 한울 이치고, 형상을 이룬 뒤에 움직이는 것은 한울 기운이니, 그러므로 기운과 이치는 하나의 한울이 작용하는 모습이므로 어찌 반드시 나누어 둘이라 하겠습니까. 기란 것은 조화가 이루어지는 근원적 뿌리고, 이치란 것은 조화의 깊고 미묘한 것이니, 기운이 이치를 낳고 이치가 기운을 낳아 천지의 모든 일을 이루고 만물의 이치가 되어 천지의 원리와 규칙이 된 것입니다."[19]

---

18 귀신이나 음양, 조화 등은 별개의 실체가 있는 것이 아니라 모두 현상을 이해하고 설명하는 방식이다. 기의 흐름에 따라 귀는 돌아오는 작용, 신은 뻗어 나가는 작용이다. 세상에는 사람의 인식으로 이해하기 어려운 일도 많다. 귀신의 장난이라 하여 ghost를 생각하기 쉬우나 여기 표현된 귀신은 설명하기 어려운 모든 작용, 당연히 한울 이치일 뿐이다.
19 이치와 기운을 음과 양으로 본다면 태극인 것이고, 태극이 4괘가 4괘는 다시 8괘가, 8괘는 64괘가 된다. 이렇게 세상과 만물이 다양한 경우의 수로 분화되고 변해가는 것을 궁리하고 추리해 보는 것이 주역이고 대정수다.

二. 天地父母 천지부모: 천지와 부모

1. 天地卽父母요 父母卽天地니 天地父母는 一體也라 父母之胞
   천지즉부모   부모즉천지   천지부모   일체야   부모지포
   胎 卽天地之胞胎니 今人은 但知父母胞胎之理하고 不知天地
   태 즉천지지포태   금인   단지부모포태지리   부지천지
   胞胎之理氣也인저
   포태지이기야

   하늘과 땅이 만물을 낳으니 부모와 같고, 생명을 낳는 부모는 하늘
   같고 땅 같은 존재이니, 천지부모는 하나입니다. 그러므로 부모가
   임신하는 것이 곧 천지가 잉태하는 것인데, 지금 사람들은 다만 부
   모가 임신하는 이치만 알고 천지가 잉태하는 이치와 기운은 알지
   못합니다.

2. 天地盖載하니 非德而何也며 日月照臨하니 非恩而何也며 萬物
   천지개재   비덕이하야   일월조림   비은이하야   만물
   化生하니 非天地理氣造化而何也아
   화생   비천지이기조화이하야

   하늘과 땅이 만물을 덮어주고 실어주었으니 덕이 아니고 무엇이

며, 해와 달이 만물을 비추어 생명이 자라니 은혜가 아니고 무엇이
며, 나아가 만물이 생겨 나오는 것은 천지의 이치와 기운이 만드는
조화가 아니고 무엇인가요.

3. 天地는 萬物之父母也 故로 經에 曰「主者稱其尊而與父母同
　　천지　　만물지부모야　고　경　왈　주자칭기존이여부모동
事者也라」又曰「察其古今則 人事之所爲라」하시니「稱其尊
사자야　　우왈　찰기고금즉　인사지소위　　　　　　칭기존
而與父母同事者」는 前聖未發之事요 水雲大先生主 始創之
이여부모동사자　　전성미발지사　수운대선생주　시창지
大道也인저 非至德이면 孰能知之리오 不知天地其父母之理者
대도야　비지덕　　숙능지지　　부지천지기부모지리자
迄五萬年久矣니 皆不知天地之父母則 億兆蒼生이 孰能以孝
흘오만년구의　개부지천지지부모즉　억조창생　숙능이효
養父母之道로 敬奉天地乎아
양부모지도　경봉천지호

천지는 만물의 아버지요 어머니입니다. 그러므로 경에 이르기를
"한울님의 님은 존칭하여 부모 같이 섬긴다는 뜻이다"[1] 하시고, 또
말씀하시기를 "예와 이제를 살펴보면 한울님[2]을 부모처럼 섬기는

---

1 『동경대전』「논학문」.
2 동학의 신은 한울님으로 부른다. 하느님으로 칭해야 한다는 주장도 있으나 '하늘에 계신
　아버지'는 아니다. 수운 선생은 "천상에 상제님이 옥경대에 계시다고 보는 듯이 말을 하
　니 허무지설 아닐런가."(「도덕가」) 하시며 이런 시각을 명확히 비판하셨고, '오심즉여심'의
　깨달음으로 수직적인 하늘에 계신 신이 아닌 지금 현재 나에게 간섭하고 계신 신을 만나
　셨다. "푸르고 푸르게 위에 있어 해와 달과 별이 걸려 있는 곳을 사람이 다 한울이라 하지

것은 사람으로써 당연히 할 바이다"[3] 하셨으니, "한울님을 부모같이 섬긴다"는 것은 옛 성인이 밝히지 못한 일이요 수운 대선생님께서 비로소 창명하신 큰 도입니다. 지극한 덕을 쌓은 이가 아니라면 누가 이런 큰 이치를 알 수 있겠습니까. 천지가 그 부모인 이치를 알지 못한 것이 오만년이 지나도록 오래되었으니, 세상 사람 모두가 천지가 부모임을 알지 못하면 어떤 사람이 부모에게 효도하고 봉양하는 것처럼 공경스럽게 천지를 받들 수 있을까요.

4. 天地父母 永侍不忘을 如臨深淵 如履薄氷然하여 至誠至孝와
천지부모 영시불망 여림심연 여이박빙연 지성지효
極盡極敬은 人子之道理也인저 爲其子女者 不敬父母則 父母
극진극경 인자지도리야 위기자녀자 불경부모즉 부모
大怒하여 降罰於其最愛之子女하나니 戒之愼之하라
대로 강벌어기최애지자녀 계지신지

마는, 나는 홀로 한울이라고 하지 않습니다. 알지 못하는 사람은 나의 이 말을 깨닫지 못할 것입니다."(『천지인 귀신 음양』) 해월 선생의 이 말씀은 동학의 한울이 이미 일반인들이 가진 하늘의 인식 범위를 넘어선 것을 뜻한다. 즉 동학의 신은 '천지부모'이시기 때문이다. 한 걸음 더 나아가 부모와 음양의 분별 이전의 무극을 포함하는 신이다. 그러므로 무극대도인 것이다. 다시 정리하면 천도교의 신은 우주이법으로서의 신(性; 무극, 무선무악)과 만물을 이루고 간섭하시는 기로서의 신(心; 음양분별)과 만물자체에 살고 있는 유형으로서의 신(身; 선악분별) 모두를 아우르는 신이다. 그러한 신이 나와 하나의 기운으로 일체(오심즉여심)이고, 그러한 신령한 지기至氣에 의해 모든 만물이 형성되었으므로 우주만물이 다 일체로써 하나다. 그것이 '한울'이다.

3 『동경대전』「수덕문」.

천지부모를 모시고 있음을 평생토록 잊지 않아야 합니다. 그 마음을 마치 깊은 물가에 이르듯이 엷은 얼음을 밟는 듯이 삼가서, 지성으로 효도를 다하고 극진히 공경을 다해야 합니다. 그것이 사람이 자식으로서의 도리입니다. 아들과 딸이 부모를 공경하지 않으면 부모가 크게 노하여 가장 사랑하는 아들 딸이라도 벌을 내리니, 경계하고 삼가소서.

5. 吾事父母之理를 何待人言而强爲哉아 都是大運未明之故也
   오 사 부 모 지 리   하 대 인 언 이 강 위 재   도 시 대 운 미 명 지 고 야
   요 勤勉不善之致也니 實是慨嘆之處也인저
   근 면 불 선 지 치 야   실 시 개 탄 지 처 야

내가 부모 섬기는 이치를 어떻게 다른 사람의 말을 기다려 억지로 할까요. 도무지 이것은 세상이 밝아지는 큰 운이 아직 오지 않은 까닭이기도 하지만, 각자가 부지런히 힘써서 착한 데 이르지 못한 탓도 있으니, 참으로 개탄할 일입니다.

6. 人是五行之秀氣也요 穀是五行之元氣也니 乳也者는 人身之
   인 시 오 행 지 수 기 야   곡 시 오 행 지 원 기 야   유 야 자   인 신 지
   穀也요 穀也者는 天地之乳也인저
   곡 야   곡 야 자   천 지 지 유 야

사람은 오행에서 가장 빼어난 기운이고 곡식은 오행에서 으뜸가는 기운입니다. 그러므로 젖은 사람의 몸에서 나는 곡식이요, 곡식은 천지의 젖입니다.[4]

7. 父母之胞胎 卽天地之胞胎니 人之幼孩時에 唆其母乳는 卽天
   부 모 지 포 태　즉 천 지 지 포 태　　인 지 유 해 시　　사 기 모 유　　　즉 천
   地之乳也요 長而食五穀은 亦是天地之乳也 幼而哺者非母之
   지 지 유 야　　장 이 식 오 곡　　역 시 천 지 지 유 야　　유 이 포 자 비 모 지
   乳而何也며 長而食者非天地之穀而何也오 乳與穀者是天地
   유 이 하 야　　장 이 식 자 비 천 지 지 곡 이 하 야　　　유 여 곡 자 시 천 지
   之祿也인저[5]
   지 록 야

부모가 임신한 것이 곧 천지가 잉태한 것과 같습니다. 그러므로 사람이 어렸을 때에 그 어머니 젖을 먹는 것은 곧 천지의 젖을 먹는 것이요, 자라서 오곡을 먹는 것 또한 천지의 젖을 먹는 것과 같습니다. 어려서 먹는 것이 어머님의 젖이 아니고 무엇이며, 자라서 먹는 것이 천지의 곡식이 아니고 무엇인가요. 젖과 곡식은 다 천지가 주는 먹거리입니다.

4 오행은 금목수화토로 상징되는 천지우주-한울의 元氣가 구체적으로 운용되는 것이다. 하늘과 땅 사이에 생기는 만물 중 가장 신령한 것이 사람이다. 그렇게 천지인 삼재의 이치가 이루어진다.
5 祿은 녹봉의 준말. 요즘의 봉급처럼 옛 관원에게 주기적으로 주던 먹을 것 또는 금품이다.

8. 人知天地之祿則 必知食告之理也요 知母之乳而長之則 必
   인 지 천 지 지 록 즉   필 지 식 고 지 리 야   지 모 지 유 이 장 지 즉   필

   生孝養之心也인저 食告는 反哺之理也요 報恩之道也니 對食에
   생 효 양 지 심 야   식 고   반 포 지 리 야   보 은 지 도 야   대 식

   必告于天地하여 不忘其恩爲이 本也인저
   필 고 우 천 지   불 망 기 은 위   본 야

사람이 곡식을 먹을 때 천지가 주는 먹거리인 줄을 알면 반드시 천
지에게 식고[6]해야 하는 이치를 알 것이고, 어머님의 젖으로 자란
줄을 알면 반드시 효도로 봉양할 마음이 생길 것입니다. 그러므로
식고는 천지에게 도로 먹이는 이치요 은덕을 갚는 도리이니, 음식
을 대하면 반드시 천지에 고하여 그 은덕으로 살아감을 잊지 않는
것이 근본입니다.

9. 何獨人衣人食乎아 日亦衣衣요 月亦食食인저
   하 독 인 의 인 식 호   일 역 의 의   월 역 식 식

어찌 홀로 사람만이 입고 사람만이 먹겠습니까. 해도 달도 역시 만
물이 입고 먹듯이 기를 주고 받습니다.

6　음식을 먹기 전 한울님께 고하는 기도.

10. 人不離天이요 天不離人이니 故로 人之一呼吸 一動靜 一衣食
인불이천   천불이인   고   인지일호흡 일동정 일의식
도 是 相與之機也인저
시 상여지기야

사람은 생명의 근원인 한울과 떨어져 살 수 없고 형체가 없는 한울
은 사람과 떨어져 실현할 수 없습니다. 그러므로 사람이 하는 모든
호흡, 모든 움직이고 머무는 것, 모든 입고 먹는 것이 다 한울과 서
로 화하는 기틀 속에서 이루어지는 것입니다.

11. 天依人 人依食이니 萬事知는 食一碗인저
천 의 인 인 의 식   만 사 지 식 일 완

한울은 사람에 의지하고 사람은 먹는 데 의지하니, 그러므로 천지
가 주는 밥 한 그릇 먹는 이치를 아는 것이 만사를 아는 것입니다.

12. 人依食而資其生成하고 天依人而現其造化인저 人之呼吸動
인 의 식 이 자 기 생 성   천 의 인 이 현 기 조 화   인 지 호 흡 동
靜屈伸衣食이 皆天主造化之力이니 天人相與之機는 須臾不
정 굴 신 의 식   개 천 주 조 화 지 력   천 인 상 여 지 기   수 유 불
可離也인저
가 리 야

사람은 밥에 의지하여 삶을 이루어 갑니다. 한울은 사람에 의지하

여 그 조화를 나타냅니다. 사람이 숨쉬고 움직이고 입고 먹는 모든 것이 다 한울님 조화의 힘이니, 한울님과 사람이 서로 돕는 기틀은 잠깐도 떨어지지 못합니다.

三. 道訣도결 : 도의 비결

1. 天地父母四字는 字雖各異나 其實은 都是 一天字也인저 然則
   천지부모사자   자수각이   기실   도시 일천자야   연즉
   天地卽父母요 父母卽天地니 天地父母는 初無間焉이라 命乃
   천지즉부모   부모즉천지   천지부모   초무간언   명내
   在天과 天生萬民은 先聖之所謂也요 乾稱父坤稱母는 先賢之
   재천   천생만민   선성지소위야   건칭부곤칭모   선현지
   所論也인저
   소론야

천지부모 네 자는 글자는 비록 다르지만, 생명을 낳고 기르는 그
역할에 있어서는 하나로 한울과 같습니다. 그러면 천지는 곧 부모
요 부모는 곧 천지니, 천지부모는 처음부터 사이가 없는 것입니다.
삶과 죽음이 한울에 달려 있고, 한울이 모든 사람을 낳았다는 것은
옛 성인이 말했습니다. 하늘을 아버지라 땅을 어머니라 부르는 것
도 옛 현인이 말한 바입니다.

2. 事天地를 如事父母하되 出入必告하고 一如定省之禮는 開闢五
   사천지   여사부모   출입필고   일여정성지례   개벽오
   萬年以後에 先生之始刱者也라 必有其然之理故로 乃刱其然之
   만년이후   선생지시창자야   필유기연지리고   내창기연지

道하여 使斯人으로 知斯德하여 修斯道인저
도   사 사 인   지 사 덕   수 사 도

천지 섬기기를 부모 섬기는 것처럼 하여, 들어오거나 나갈 때 반드
시 고하고 자기 전과 깨어나서 고하는 예의를[1] 한결같이 하는 것
은, 개벽 오만년 이후에 수운 선생께서 처음 시작한 것입니다.[2] 당
연히 그런 이치가 있으므로 선생께서 그러한 도를 만들어, 사람으
로 하여금 이 덕을 알게 하고 이 도를 닦게 하는 것입니다.

3. 挽近以來로 人倫蔑如하여 丁寧知父母之生我育我하되 而慢而
   만 근 이 래   인 륜 멸 여   정 녕 지 부 모 지 생 아 육 아   이 만 이
   忽之하여 以孝子甚鮮이어든 又況微妙難測者인 無形有跡의 天地
   홀 지   이 효 자 심 선   우 황 미 묘 난 측 자   무 형 유 적   천 지
   父母之理를 孰能敬畏하여 孝而奉之乎리오
   부 모 지 리   숙 능 경 외   효 이 봉 지 호

근래에 와서 사람들이 윤리를 업신여겨 정녕 부모가 나를 낳아 길
러주신 것을 알면서도 등한히 하고 소홀히 하여 효도하는 자가 매
우 적습니다. 하물며 형상이 없어서 그 자취가 작고 미묘하여 헤아
리기 어려운 천지부모를 그 이치를 알아 경외하여 효성으로 봉양

---

1 昏定晨省; 밤에는 부모의 잠자리를 봐드린후 자고, 새벽에는 밤새 안녕히 주무셨는지 묻
  는다. 부모를 잘 섬기고 효성을 다함을 뜻한다.
2 "주라는 것은 존칭해서 부모 같이 섬긴다는 것이요…"(『동경대전』, 「논학문」)

할 사람이 누가 있을까요.

4. 凡今下品之人은³ 强於的見하고 忽於無形함은 理固然矣라 不
   범금하품지인　　　　강어적견　　　　홀어무형　　　　이고연의　　　　부
足甚責이나 而道旣刱始則 豈可但以歸之沒覺으로 全然抛置
족심책　　　이도기창시즉　기가단이귀지몰각　　　　전연포치
於暴棄之外乎리오
어포기지외호

무릇 어리석은 세상 사람은, 보이는 데는 강하고 보이지 않는 것은
소홀히 합니다. 이치상 그것이 당연하긴 합니다. 심히 꾸짖어도 모
자라겠지만, 도가 이미 창시되었으니 가르쳐 인도해야지 어떻게
깨닫지 못했다고 전연 돌보지 않고 포기하여 내버려 두겠습니까.

5. 所以로 反覆思量하여 不拘淺薄하고 論而言之하여 提而惺之하나
   소이　　반복사량　　　불구천박　　　논이언지　　　제이성지
니 盡心奉行하여 以尋其本하여 以達其本하고 以達其源하여 怳然
　진심봉행　　　이심기본　　　이달기본　　　이달기원　　　황연
復赤子之心하고⁴ 的然卞天地之理則 不患不到聖哲之域矣리라
복적자지심　　　적연변천지지리즉　불환부도성철지역의

3 원문은 하품 사람. 상-중-하에서 下인 사람을 말한다.
4 적자지심; 갓난아기의 마음. 욕심과 감관의 선입관에 물들지 않은 자유로운 마음.

그러므로 생각을 거듭하여 천박함을 무릅쓰고 함께 토론하며 이 끌어 깨우쳐 줍니다. 마음을 다해 수행하여 무형한 한울의 근본을 찾아 통달하고 그 근원을 밝히면, 문득 갓난아기의 순수한 마음을 회복하고 확실히 천지의 이치를 분별하게 됩니다. 그러면 성인의 밝은 경지에 이르지 못함을 근심하지 않게 될 것입니다.

6. 蓋此身髮은 盡是天地父母之所遺也요 非我之私物也니 何嘗
   개 차 신 발   진 시 천 지 부 모 지 소 유 야   비 아 지 사 물 야   하 상
   疎忽哉리오 今世之人은 只言父母氣血胞胎之理하고 而不知天
   소 홀 재   금 세 지 인   지 언 부 모 기 혈 포 태 지 리   이 부 지 천
   地造化 氣成理賦之本焉하며 或言理氣胞胎之數하되 而全昧
   지 조 화 기 성 이 부 지 본 언   혹 언 이 기 포 태 지 수   이 전 매
   落地以後 長養於天胞地胎自然理氣之中하니 可歎也로다
   낙 지 이 후 장 양 어 천 포 지 태 자 연 이 기 지 중   가 탄 야

이 몸은 모두 천지 부모가 주신 것이고 나의 사사로운 소유물이 아 닙니다. 내 것이 아닌데 어떻게 함부로 하겠습니까. 그러나 지금 세상 사람은 다만 부모가 기운과 피를 주어 태어난 이치만 말하고, 천지의 조화로써 삶의 이치가 부여되고 한울 기운으로 몸을 이루 는 근본을 알지 못합니다. 혹은 이치와 기운으로 잉태하는 수를 말 하기도 하지만, 태어난 후에 하늘이 품고 땅이 길러주는 자연한 이 치와 기운 가운데서 자라나고 있음을 전연 알지 못하니 탄식할 일 입니다.

7. 行住坐臥와 語黙動靜이 何莫非天地鬼神造化之跡이언만 或云
   행주좌와 어묵동정 하막비천지귀신조화지적   혹운

   天理하고 或稱天德이나 然而絶無孝敬하고 一不奉事하니 實不
   천리   혹칭천덕   연이절무효경   일불봉사   실부

   知快然之理故也인저 父母生我育我나 而自然長成者는 天地
   지쾌연지리고야   부모생아육아   이자연장성자   천지

   之造化也요 天地化我成我나 而受天命하여 而教而養之者는
   지조화야 천지화아성아   이수천명   이교이양지자

   父母之恩德也니 然則非天地면 無以化我요 非父母면 無以養
   부모지은덕야   연즉비천지   무이화아   비부모   무이양

   我니 天地父母覆育之恩이 何嘗少有間乎리오
   아 천지부모복육지은   하상소유간호

돌아다니고 한 곳에 머물며 앉고 눕는 일상의 모든 행과, 말하고 침
묵하며 움직이고 고요한 어느 것이나 한울님 조화의 자취 아님이
없습니다. 하지만 한울의 이치를 말하거나 한울의 덕이라고 말하
면서도 전혀 한울에 대한 효도와 공경함이 없고 하나도 받들어 섬
기지 않습니다. 이는 실로 마음이 이치를 명쾌하게 알지 못하기 때
문입니다.

부모가 나를 낳고 나를 기르지만 자연히 성장하는 것은 천지의 조
화요, 한울님이 나를 나게 하고 성장하게 하나 천명을 받아서 가르
치고 기르는 것은 부모의 은덕입니다. 그런즉, 천지가 아니면 내가
조화롭게 생겨나지 못하고 부모가 아니면 나를 길러 자라게 하지
못할 것입니다. 이러므로 천지부모가 낳고 키우는 은혜는 조금도

틈이 없이 같은 것입니다.[5]

8. 天地旣有父母之名字하고 亦有父母之恩德則 以孝父母之道
   천지기유부모지명자   역유부모지은덕즉   이효부모지도
   로 奉以同事하고 敬而同養이 不亦宜乎며 不亦可乎아 先聖이
      봉이동사   경이동양이 불역의호   불역가호   선성
   但言 身體髮膚를 受之於父母之恩하고 不明言 受之於天地之
   단언 신체발부   수지어부모지은   불명언 수지어천지
   本故也를 先聖豈曰不知리오 時有其時하고 運有其運하여 不先
   본고야   선성기왈부지   시유기시   운유기운   불선
   發未來之道而然也인저
   발미래지도이연야

천지부모는 이미 부모라는 이름이 있고 또한 부모의 은덕이 있습
니다. 그러므로 부모에게 효도하듯이 천지를 받들어 섬기고 공경
하여 봉양하는 것이 마땅하며 옳지 않을까요. 옛 성인이 다만 머리
털과 피부에 이르기까지 몸을 부모에게서 받은 은혜만 말하고, 천
지에게서 받은 근본을 명확히 말하지 않았지만, 옛 성인이 어찌 알
지 못한다 하겠습니까. 때에는 그 때가 있고 운에는 그 운이 있어
서, 먼저 미래의 도를 이야기하지 못한 것일 뿐입니다.

5 어린아이를 낳고 키우는 것은 부모이다. 그러나 부모가 먹여주더라도 그것을 소화시키고
   몸과 마음이 자라는 것은 한울 이치와 기의 작용이다.

9. 天은 以陰陽五行으로 化生萬民하고 長養五穀則 人是五行之
   천   이음양오행   화생만민   장양오곡즉 인시오행지
   秀氣也요 穀亦五行之元氣也라 以五行之元氣로 飼養五行之
   수기야 곡역오행지원기야   이오행지원기   사양오행지
   秀氣하니 化而生之하고 長而成之者는 非天伊誰며 非恩日何리
   수기   화이생지   장이성지자   비천이수   비은왈하
   오 所以로 吾師受五萬年無極大運하여 布德于天下하여 使斯民
   소이   오사수오만년무극대운   포덕우천하   사사민
   으로 行斯道而 知斯德者는 只此一端也인저
   행사도이 지사덕자   지차일단야

한울님은 음양오행의[6] 이치로 모든 사람을 화해나게 하고 오곡[7]으
로 기릅니다. 사람은 오행의 가장 빼어난 기운이요, 곡식도 또한
오행의 으뜸가는 기운이니, 사람이 곡식을 먹는 것은 오행의 으뜸
가는 기운으로써 오행의 빼어난 기운을 기르는 것입니다. 사람은
한울 이치로 화해 나고 한울 기운으로 자라서 이루니 이것이 한울
님이 아니고 누구이며 은혜가 아니고 무엇이라 말하겠습니까. 그
렇기 때문에 우리 스승님께서 오만년 이어질 무극대운을 받아 덕
을 천하에 펴서 사람들로 하여금 이 도를 행하여 이 덕을 알게 하
는 것은 다만 이 한 가지뿐입니다.

6 우주의 모든 수는 1, 2, 3, 4, 5, 6, 7, 8, 9, 10으로 대표된다. 이중 홀수는 양(천)의 수, 짝수
  는 음(지)의 수. 이 음수와 양수 다섯이 상징하는 것이 금목수화토의 오행.
7 오곡은 모든 곡식의 의미도 있으나 여기서는 쌀, 보리, 콩, 기장, 조의 오곡을 오행에 맞춰
  말씀.

10. 吾師之大道宗旨는 第一은 事天地如事父母之道也요 第二食
    오 사 지 대 도 종 지   제 일   사 천 지 여 사 부 모 지 도 야   제 이 식
告는 如孝養生存父母之理也니 內修道를[8] 可不勉乎아 快知食
고   여 효 양 생 존 부 모 지 리 야   내 수 도   가 불 면 호   쾌 지 식
告之理則 道通이 在其中者 此也인저
고 지 리 즉 도 통   재 기 중 자 차 야

우리 스승님이 가르치신 대도의 으뜸 가르침은 첫째, 천지 섬기기
를 부모 섬기는 것과 같이 하는 도입니다. 둘째, 식고는 살아 계신
부모에게 효도하듯이 한울님께 고하여 봉양하는 이치입니다. 그
러므로 음식을 준비하는 집안사람의 수도를 힘써야 하지 않겠습
니까. 식고의 이치를 잘 알면 도통이 그 가운데 있다는 것이 이것
입니다.

11. 今也不然하여 反師之道하고 違天之心하고 蔑天之理하여 而稱
    금 야 불 연   반 사 지 도   위 천 지 심   멸 천 지 리   이 칭
之曰修道라 하니 天佑神助는 尙矣勿論하고 受天降譴이 明若觀
지 왈 수 도   천 우 신 조   상 의 물 론   수 천 강 견   명 약 관
火라 今我道儒는 旣受永侍天地父母之道이나 初焉에 以父母
화   금 아 도 유   기 수 영 시 천 지 부 모 지 도   초 언   이 부 모
之道로 孝敬이라가 終에 以尋常路人待之則 其父母之心이 豈
지 도   효 경   종   이 심 상 노 인 대 지 즉 기 부 모 지 심   기
可安乎며 其子 背親忘親而安往乎리오
가 안 호   기 자 배 친 망 친 이 안 왕 호

8 음식은 내 안의 한울님을 키우는 성스러운 행위이다. 그것을 준비하는 이가 내수도이다.
  내수도는 집 안 사람의 수도 또는 천도교에서는 부인을 뜻하기도 한다.

지금 사람들은 그런 이치를 몰라서 스승님의 도를 배반하고[9] 한울님의 마음을 어기고 한울님의 이치를 업신여기면서 말로는 도를 닦는다고 합니다. 그러니 천우신조[10]는 말할 것도 없고 오히려 한울님이 내리는 꾸지람을 받을 것이 불 보듯 분명합니다. 이제 우리 도를 함께하는 사람들은 이미 천지부모를 길이 모시는 도를 받았습니다. 하지만 처음에는 한울님을 부모 모시는 도로써 효도하고 공경하다가 나중에 보통 길 가는 사람 대하듯 하면 그 부모의 마음이 어찌 편안할 수 있겠습니까? 그 자식 또한 어버이를 배반하고 어버이를 잊어버리고 어디인들 편히 가겠습니까?

12. 天不干涉則 寂然一塊物이니 是曰死矣요 天常干涉則慧然一
천불간섭즉 적연일괴물 시왈사의 천상간섭즉혜연일
靈物이니 是曰生矣라 人之一動一靜이 豈非天地之所使乎리오
영물 시왈생의 인지일동일정 기비천지지소사호
孜孜力行則 天感地應하여 敢以遂通者는 非天而何리오 孰慮
자자력행즉 천감지응 감이수통자 비천이하 숙려
詳察焉이어다 夫婦卽天地라 天地不和면 斯天厭之하니 厭之則
상찰언 부부즉천지 천지불화 사천염지 염지즉

---

9 "묻기를 「도를 배반하고 돌아가는 자는 어째서입니까.」 대답하기를 「이런 사람은 족히 거론하지 않느니라.」 묻기를 「어찌하여 거론하지 않습니까.」 대답하기를 「공경하되 멀리할 것이니라.」"(『동경대전』,「논학문」)
10 천우신조는 사람의 힘으로는 헤어 나오기 어려운 난관을 한울의 도움으로 해결했을 때 쓰는 관용어이다.

生禍하고 喜之則降福하나니 益勉家內和順之地가 如何리오 興
생화   희지즉강복   익면가내화순지지   여하   흥
言及此하니 大惶大悚矣라 戒之愼之하여 共成大運之地를 伏祝
언급차   대황대송의   계지신지   공성대운지지   복축
伏祝하나이다 非我言耄라 惟聖之訓也니 永世不忘이 若何오
복축   비아언모   유성지훈야   영세불망   약하

어떤 사람도 한울님이 간섭[11]하지 않으면 고요한 한 물건 덩어리나 다름 없으니 이것을 죽었다고 하는 것이요, 한울님이 항상 간섭하면 지혜로운 한 영물이니 이것을 살았다고 말하는 것입니다. 사람이 움직이고 머무는 모든 것이 어찌 한울님이 시키는 바가 아니겠습니까. 부지런히 힘써 행하면 하늘이 감동하고 땅이 응하여 만사에 통하게 되는 것은 한울님 은덕이 아니고 무엇인가요. 잘 생각하고 자세히 살피소서.

부부는 곧 천지입니다. 집안의 하늘과 땅이 불화하면 한울님이 싫어하십니다. 싫어하면 화를 주고 기뻐하면 복을 내릴 것이니 집안이 화순한 곳이 되도록 더욱 힘써야 하지 않겠습니까. 말이 여기까지 미치니 크게 두렵고 또 두렵습니다. 경계하고 삼가서 함께 대운의 터전을 이루도록 엎드려 삼가 빌고 또 비나이다. 나의 말이 노망이 아니라 오직 성인의 가르침이니 평생토록 잊지 않음이 어떠합니까.

---

11 간섭은 내유신령과 외유기화의 끊임없는 소통, 즉 모심의 다른 표현이다. 생명은 그 간섭 속에서 유지되고 활동한다.

四. 天地人 · 鬼神 · 陰陽 천지인 · 귀신 · 음양

1. 天地는 一氣塊也
   천지　　일 기 괴 야

   천지는 하나의 기운 덩어리입니다.

2. 天地人은 都是一理氣而已인저 人是天塊요 天是萬物之精也인
   천 지 인　　도 시 일 이 기 이 이　　　인 시 천 괴　　천 시 만 물 지 정 야
   저 蒼蒼在上하여 日月星辰所係者를 人皆謂之天이나 吾獨不謂
   　 창 창 재 상　　일 월 성 신 소 계 자　인 개 위 지 천　　　오 독 불 위
   天也니 不知者는 不能覺斯言矣인저
   천 야　　부 지 자　　불 능 각 사 언 의

   하늘과 땅과 사람은 모두 한울의 이치 기운으로 하나입니다. 사람
   은 바로 한울 덩어리고, 만물이 다 한울의 정기로 생긴 것입니다.
   푸르고 푸르게 위에 있어 해와 달과 별이 걸려 있는 곳을 사람이
   다 한울이라 하지만, 나는 홀로 한울이라고 하지 않습니다. 알지
   못하는 사람은 나의 이 말을 깨닫지 못할 것입니다.

3. 人之動靜이 心乎아 氣乎아 氣爲主하고 心爲體하고 鬼神用事하
   인 지 동 정　심 호　기 호　기 위 주　심 위 체　귀 신 용 사
   니 造化者는 鬼神之良能也인저
   조 화 자　귀 신 지 양 능 야

사람이 움직이고 머무는 것을 마음이 시키나요 기운이 시키나요.
기운이 주가 되어 몸을 움직이지만 움직이고자 하는 것은 마음입
니다. 그렇게 움직여 일이 되어 가는 것은 펼쳐 나가거나 움츠려 돌
아오며 이루어지니 이를 귀와 신이라 합니다. 그렇게 조화가 되는
것이 귀신[1]의 좋은 재능입니다.

4. 鬼神者는 何也오 以陰陽論之則 陰鬼陽神也요 以性心論之則
   귀 신 자　하 야　이 음 양 논 지 즉 음 귀 양 신 야　이 성 심 논 지 즉
   性鬼心神也인저 以屈伸論之則 屈鬼伸神也며 以動靜論之則 靜
   성 귀 심 신 야　이 굴 신 논 지 즉 굴 귀 신 신 야　이 동 정 논 지 즉 정
   鬼動神也인저
   귀 동 신 야

귀신이란 것은 무엇인가요. 한울 기운이 작용할 때 어두우면 귀 밝
으면 신이요, 고요하면 귀 활발하면 신이요, 구부러지면 귀 펴지면
신이요, 머물면 귀 움직이면 신입니다.

1　여기서 귀신은 죽은 사람의 넋의 뜻이 아니라, 한울 기운이 작용하는 것을 뜻한다. 다음
　구절에 자세히 설명되고 있다.

5. 氣使心乎 心使氣乎 氣生於心乎 心生於氣乎아 化生氣也요
   기사심호 심사기호 기생어심호 심생어기호 화생기야
   用事心也니 心不和則氣失其度하고 氣不正則 心脫其軌하니
   용사심야 심불화즉기실기도 기부정즉 심탈기궤
   正氣安心하고 安心正氣하라 氣不正則心不安이요 心不安則氣
   정기안심 안심정기 기부정즉심불안 심불안즉기
   不正이니 其實則心亦生於氣也인저
   부정 기실즉심역생어기야

기운이 마음을 부리나요, 마음이 기운을 부리나요. 기운이 마음에
서 나왔나요, 마음이 기운에서 나왔나요. 몸이 생기고 자라며 변화
하는 것은 한울님 생명의 기운이고 몸을 움직이려는 것은 내 마음
입니다. 마음이 평화롭지 못하면 기운을 조절하지 못하고 기운이
바르지 못하면(병이 생기면) 마음이 바른 생각을 하지 못합니다. 그
러므로 몸의 기운을 바르게 하여 마음을 편안히 하고, 마음을 편안
히 하여 기운을 바르게 해야 합니다. 기운이 바르지 못하면 마음이
편안치 못하고, 마음이 편안치 못하면 기운이 바르지 못하니, 그
실인즉 내 마음도 또한 한울 기운에서 나온 것이기 때문입니다.

6. 動者氣也요 欲動者心也니 能屈能伸 能變能化者鬼神也인저
   동자기야 욕동자심야 능굴능신 능변능화자귀신야
   鬼神者는天地之陰陽也요 理氣之變動也요 寒熱之精氣也인저
   귀신자 천지지음양야 이기지변동야 한열지정기야
   分則一理萬殊이나 合則一氣而已라 究其本則 鬼神也 性心也
   분즉일이만수 합즉일기이이 구기본즉 귀신야 성심야
   造化也 都是一氣之所使也인저
   조화야 도시일기지소사야

움직이는 것은 기운이고, 움직이고자 하는 것은 마음이며, 능히 구부리고 펴고 변하고 화하는 것은 귀신입니다. 귀신은 천지의 음과양, 이치와 기운의 변동, 차고 더움의 정기를 표현한 것입니다. 나누면 한 이치가 만 가지로 다르게 나타나지만 합하면 한 기운일 따름입니다. 그 근본을 연구하면 귀신, 성심, 조화가 도무지 한 기운이 시키는 바일 뿐입니다.

7. 人是天 天是人이니 人外無天이요 天外無人인저
　　인시천 천시인　　　인외무천　　　천외무인

사람이 바로 한울이요 한울이 바로 사람이니, 사람 밖에 한울이 없고 한울 밖에 사람이 없습니다.

8. 心在何方가 在於天이요 天在何方가 在於心인저 故로 心卽天
　　심재하방　재어천　천재하방　재어심　　　고　　즉천
天卽心이니 心外無天이요 天外無心이라 天與心은 本無二物이니
천즉심　심외무천　　천외무심　　천여심　본무이물
心天相合이라야 方可謂侍定知니 心天相違則 人皆曰侍天主라
심천상합　　방가위시정지　심천상위즉 인개왈시천주
도 吾不謂侍天主也인저
　오불위시천주야

내 마음의 뿌리는 어디에 있나요 한울에 있고, 한울은 어디에 있나

요 내 마음에 있습니다. 그러므로 마음이 곧 한울이요 한울이 곧 마음이니, 마음 밖에 한울이 없고 한울 밖에 마음이 없습니다. 한울과 마음은 본래 둘이 아니니 내 마음과 한울이 서로 화합해야 바로 시 · 정 · 지[2]라 이를 수 있습니다. 그 사람 마음이 하고자 하는 것과 한울의 이치가 서로 어기면 다른 사람들이 다 시천주라고 말해도 나는 시천주라고 이르지 않겠습니다.

9. 天地는 一氣圓也인저[3] 氣是渾元이요[4] 心是虛靈이니 造化無窮인저
   천지   일기원야   기시혼원   심시허령   조화무궁

천지는 온전한 한 기운입니다. 한울의 기운은 무한한 가능성이요 마음은 규정되지 않은 자유로운 영이니, 그 안에서 조화가 무궁한 것입니다.

---

2 시정지는 '侍天主 造化定 永世不忘 萬事知'의 13자 주문을 요약한 것이다. 한울을 모심, 그 마음을 변하지 않음, 지혜에 이름, 세 가지다.
3 圓 둥글, 온전할, 둘레 원.
4 渾 흐릴, 혼탁할, 뒤섞일 혼. 그러므로 혼원은 원초적인 생명의 카오스다. 길이 정해지지 않은 무한한 가능성이다.

10. 人之有心이 譬如天之有日이니 日之明兮에 照臨萬國이요 心
    인 지 유 심   비 여 천 지 유 일   일 지 명 혜   조 림 만 국   심
之明兮에 透徹萬理인저
지 명 혜   투 철 만 리

사람에게 마음이 있는 것이 비유하면 하늘에 해가 있는 것과 같습
니다. 해가 밝으니 모든 나라를 비추고 마음이 밝으면 모든 이치를
환히 꿰뚫어 압니다.

11. 一輪明月이 能照千江之水요 一春和氣는 能生萬物之精인저
    일 륜 명 월   능 조 천 강 지 수   일 춘 화 기   능 생 만 물 지 정

밝은 마음이 이치를 깨우치듯 둥글고 밝은 달은 모든 강의 물을 비
출 수 있고, 봄의 화한 기운은 만물의 정기가 새롭게 살아나게 합
니다.

五. 虛와 實허와 실:빈 것과 찬 것

1. 經에 曰「心兮本虛應物無迹이라」하니 虛中有靈하여 知覺自生인
   경 왈   심혜본허응물무적   허중유령   지각자생
   저 器虛故로 能受萬物이요 室虛故로 能居人活이요 天地虛故로
      기 허 고   능 수 만 물   실 허 고   능 거 인 활   천 지 허 고
   能容萬物이요 心虛故로 能通萬理也인저
   능 용 만 물   심 허 고   능 통 만 리 야

경에 이르기를 "마음은 본래 비어서 물건에 응하여도 자취가 없
다"[1] 하였습니다. 마음을 비워야 신령한 깨달음이 절로 생깁니다.
그릇이 비어야 물건을 담을 수 있고, 집이 비어야 사람이 들어가
살 수 있으며, 천지가 비어야 만물을 용납할 수 있고, 마음이 비어
선입견이 없어야 모든 이치를 통할 수 있습니다.

2. 無而後有之요 有而後無之니 無生有也요 有生無也인저 生於無
   무 이 후 유 지   유 이 후 무 지   무 생 유 야   유 생 무 야   생 어 무
   하여 形於虛하니 無無如虛虛如라 視之不見이요 聽之不聞인저
   형 어 허   무 무 여 허 허 여   시 지 불 견   청 지 불 문

---

1 『동경대전』「탄도유심급」.

만물은 없는 곳에서는 새로 생기고 있는 것은 언젠가 없어집니다. 그러므로 무는 유를 낳고 유는 무를 낳는 것입니다. 만물은 없는 데서 생기어 빈 데서 형상을 갖추니, 그 근원인 한울은 없는 듯 빈 듯 사람의 감각 너머에 있습니다. 그 때문에 보려 하나 보이지 아니하고 들으려 하나 들리지 아니합니다.[2]

3. 虛能生氣하고 無能生理하고 柔能致氣하고 剛能養氣하나니 四者
   허능생기   무능생리   유능치기   강능양기   사자
   는 不可無也인저 體此虛無之氣하여 用此虛無之理하면 虛虛靈
     불가무야   체차허무지기   용차허무지리   허허영
   靈이 至眞無妄인저
   영   지진무망

비어 있어야 채우려는 기운이 생기고, 없는 것에서 시작하는 모든 것이 이치가 됩니다. 부드러워야 한울의 기에 이를 수 있고, 굳세게 지켜야 기운을 기를 수 있으니, 한울 이치와 기운을 세상에 펼 때 이 네 가지는 없어서는 안 됩니다. 이 비고 없는 기운을 바탕으로 비고 없는 이치를 쓰면, 비고 신령한 것이 참된 데 이르러 거짓이 없어집니다.

---

2 "모양이 있는 것 같으나 형상하기 어렵고 들리는 듯하나 보기는 어려우니, 이것은 또한 혼원한 한 기운이요…." (논학문)

4. 眞者는 虛中生實이니 天地之至公이요 妄者는 虛中生欺니 天地
   진 자   허 중 생 실   천 지 지 지 공   망 자   허 중 생 기   천 지
   之無功也인저 守眞則 天愛之하고 妄之則 天惡之인저[3] 故로 眞
   지 무 공 야   수 진 즉 천 애 지   망 지 즉 천 오 지   고   진
   實者는 天地之生命體也요 欺妄者는 人身之破滅椎也인저 虛
   실 자   천 지 지 생 명 체 야   기 망 자   인 신 지 파 멸 추 야   허
   而靜하며 動而專하며[4] 無像而像者는 是渾元一氣之眞也인저
   이 정   동 이 전   무 상 이 상 자   시 혼 원 일 기 지 진 야

참이란 전제조건이나 왜곡이 없는 가운데 실제 모습이 드러난 것
이니 천지의 지극히 공정한 것입니다. 망령이란 반대로 비었으나
거짓이 생긴 것이니 그러면 천지의 공이 없어집니다. 그러므로 비
우되 올바르게 보려 해야 합니다. 참을 지키면 한울이 사랑하고 망
령되면 한울이 미워합니다. 그러므로 진실은 천지의 생명체요, 거
짓과 망령은 사람의 몸을 깨쳐 없애는 쇠뭉치입니다. 비어서 고요
하되, 움직이면 하나로 온전하며, 형상은 없으나 형상을 나타내는
것이 이 혼원한 한울 기운의 참된 모습입니다.

5. 精神魂魄의 有智有覺은 虛無中理氣之所使也니 聚而正則 有
   정 신 혼 백   유 지 유 각   허 무 중 이 기 지 소 사 야   취 이 정 즉 유
   하고 散而失則無也인저 理氣正則萬物靈之하고 理氣不正則萬
        산 이 실 즉 무 야   이 기 정 즉 만 물 영 지   이 기 부 정 즉 만

---

3 惡 미워할 오.
4 專 오로지 전.

物生病이요 人身所在之理氣正則 天地所在之理氣正也요 人
물 생 병　　　인 신 소 재 지 이 기 정 즉　천 지 소 재 지 이 기 정 야　　　인

身所在之理氣不正則 天地所在之理氣亦不正也인저
신 소 재 지 이 기 부 정 즉　천 지 소 재 지 이 기 역 부 정 야

사람의 정신과 혼백이 지혜가 있고 깨달음이 있는 것은 욕심과 선
입견이 비고 없는 가운데 한울의 이치 기운이 시키는 것입니다. 나
의 이치와 기운이 모여서 바르면 지혜가 있고 흩어져 잃으면 없는
것입니다. 만물의 이치와 기운이 바르면 만물이 신령하고, 바르지
못하면 만물에 병이 생깁니다. 사람의 몸에 있는 이치와 기운이 바
르면 천지에 있는 이치와 기운도 바르고, 사람의 몸에 있는 이치와
기운이 바르지 못하면 천지에 있는 이치와 기운도 역시 바르지 못
합니다. 그 모두 한 이치 기운이기 때문입니다.

六. 心靈之靈 심령지령 : 심령의 영함

1. 世人은 不知天靈之靈하고 亦不知心靈之靈而但知雜神之靈하
   세인   부지천령지령   역부지심령지령이단지잡신지령

   니 豈非病乎리오 今俗所謂 城隍 帝釋 城主 土王 山神 水神 石
   기비병호   금속소위 성황 제석 성주 토왕 산신 수신 석

   神 木神等 淫祀는 筆不難記也인저 此是 漢武帝時 巫蠱餘風[1]
   신 목신등 음사   필불난기야   차시 한무제시 무고여풍

   을 尙今未革하고 染心成痼하니 非但 愚婦愚夫之病根難治라 腐
   상금미혁   염심성고   비단 우부우부지병근난치   부

   儒俗士도 汪汪流入하여 習與成俗하니 可謂寒心處也인저 此等
   유속사   왕왕유입   습여성속   가위한심처야   차등

   痼疾은 非大方家[2]之手段이면 實難治療라 故로 余敢論而言之하
   고질   비대방가 지수단   실난치료   고 여감논이언지

   노니 明而察之하여 快斷病根하고 同歸一理하여 勿獲罪于天이라
   명이찰지   쾌단병근   동귀일리   물획죄우천

   세상 사람은 한울 성령과 내게 모셔진 심령이 영험함을 알지 못하

   고, 다만 잡신이 영하다고 아니 어찌 병이 아닐까요. 지금 속된 세

---

1 무고; 사술로써 심하게 저주하는 행위.
2 대방가; 문장이나 학술이 뛰어난 사람.

상에서 이르는 성황[3]이니 제석[4]이니 성주[5]니 토왕[6]이니 산신이니 수신이니 석신이니 목신이니 하는 등의[7] 어지러운 제사는 붓으로 다 기록하기 어려울 정도입니다. 이것은 오랜 옛날부터 사술로 저주하던 풍습이 남아 지금까지 고치지 못하고 마음에 물들어 고질이 되었습니다. 여기 물든 어리석은 사람들의 병을 뿌리까지 고치기 어려울 뿐 아니라 썩은 유생과 속된 선비도 왕왕 흘러들어 습관과 풍속을 이루었으니, 한심한 일입니다. 이러한 고질은 뛰어난 사람의 수단이 아니면 실로 고치기 어렵습니다. 그러므로 내 감히 논하여 말합니다. 밝게 살피어 쾌히 병든 뿌리를 끊고 한 이치로 돌

3 성황; 서낭당. 질병이나 재앙이 마을로 들어오는 것을 막기 위해 마을 입구나 고갯마루, 산기슭에 원뿔 모양으로 쌓은 돌무더기나 마을에서 모시는 집 형태로 서낭당을 만들고 일년에 한 번씩 제사를 지냈다. 먼 길을 떠날 때 서낭당 앞에 돌을 하나씩 주워 던지고 안전한 여행이 되기를 빌기도 했다. 누구나 모신 한울의 영기로 살아가고 있지만 이를 아는 이가 적다. 실상 세상 모든 이치가 한울님 조화의 자취이니 한울의 눈으로 보면 뭐든 한울님의 간섭이요, 한울의 귀로 들으면 한울님의 가르침이다. 하지만 고정관념과 편견의 단단한 껍질을 뒤집어 쓴 사람들은 이를 알지 못한다. 보아도 본 것이 아니고 들려도 들은 것이 아니다. 자기가 잘나서 사는 게 아니라 한울님 간섭과 감응으로 사는 것을 깨달으면 어디서나 한울님 가르침을 보고 듣고 할 수 있을 것이다.
4 제석; 제석은 원래 인도의 브라만 또는 힌두교의 神像이었으나 대승불교 이후 불교의 護法善神像으로 四天王像 등과 더불어 불교에 수용되고 중국에 와서 그렇게 漢譯된 것. 불교가 우리나라에 전래되어 巫와 자연스럽게 결탁되면서 삼국시대 때 한민족의 천신을 제석신의 성격과 결부하여 제석이라 부르게 된 것으로 추정한다.
5 성주신; 길흉화복을 관장하는 신. 가택신 또는 가신. 집안의 평화, 부귀, 번영, 무병, 질병의 치유 등을 빌기도 하며 주로 집안의 마루에 신주단지를 두고 성주신을 모셨다.
6 토왕; 황천을 지배하는 토지신.
7 산, 돌, 나무등 모든 곳에 신이 있다는 원시신앙을 애니미즘이라고 한다.

아와 죄를 한울님께 얻지 마십시오.

2. 今此論說은 非道成立德者면 難曉矣리라 曰「陰陽」曰「鬼神」
   금차논설　비도성입덕자　난효의　　　왈음양　왈귀신

   曰「造化」曰「命」曰「氣」라 하니 知陰陽之根本乎아 不知乎
   왈조화　왈명　왈기　　　　지음양지근본호　부지호

   아 不知根本而 徒能讀而已니 可歎矣로다 是知根本透徹然後
   　부지근본이　도능독이이　　가탄의　　시지근본투철연후

   라야 方可謂之知天也리라 何以爲陰陽이며 何以爲鬼神이며 何
   　　　방가위지지천야　　　하이위음양　　　하이위귀신　　　하

   以爲造化며 何以爲命이며 何以爲氣乎리오 視之不見이요 聽之
   이위조화　하이위명　　하이위기호　　　시지불견　　　청지

   不聞이라야 可謂成道也요 外有接靈之氣와 內有降話之敎를 丁
   불문　　　가위성도야　외유접령지기　　내유강화지교　　정

   寧透得이라야 可謂立德也니 不然則未免托名矣인저
   녕투득　　　가위입덕야　불연즉미면탁명의

지금 이 말은 도를 이루고 덕을 세운 사람이 아니면 깨닫기 어려울

것입니다. '음양' '귀신' '조화' '운명' '기운'이라고들 하는데, 음양의

근본을 아시나요. 근본을 알지 못하면서 글만 외우니 한심한 일입

니다. 이 근본을 투철하게 안 뒤에라야 한울을 안다고 말할 수 있

을 겁니다. 무엇이 음양이 되었고, 무엇이 귀신이 되었으며, 무엇

이 조화가 되었으며, 무엇이 명이 되었으며, 무엇이 기운이 되었나

요. 보이고 들리는 감각 너머를 보고 듣는 데 이르러야[8] 도를 이루

---

8 "몸이 몹시 떨리면서… 가르침이 있으되, 보였는데 보이지 아니하고 들렸는데 들리지 아

었다 할 수 있을 겁니다. 또한 밖으로는 영이 접하는 기운이 있음과 안으로 가르침의 말씀이 있음을 확실히 깨달아야 덕을 세웠다 말할 수 있을 것입니다. 그렇지 못하면 진정으로 아는 것이 아니라 그저 이름이나 걸어두었다는 것을 면치 못할 것입니다.

3. 道人入道後 事天地를 不如事父母하고 猶浸浸然 不釋淫祀之
   도인입도후 사천지 불여사부모   유침침연 불석음사지
   心하여 或作或撤하고 半信半疑하여 半信天地하고 半信淫祀하니
   심   혹작혹철   반신반의   반신천지   반신음사
   是는 排斥天地父母者也라 是故로 天地父母 震怒하여 子孫零
   시   배척천지부모자야   시고   천지부모 진노   자손영
   落하나니 此理를 的知然後라야 庶幾入門乎인저 此是「開闢後五
   낙   차리 적지연후   서기입문호   차시 개벽후오
   萬年에 勞而無功이라가 遇汝成功之」란 天意也니 明察深究焉
   만년 노이무공   우여성공지   천의야 명찰심구언
   러라

도인이 입도한 뒤에 천지 섬기기를 부모 섬기는 것처럼 하지 않는 이가 많습니다. 오히려 미신의 마음을 놓지 못하여 마음을 단단히 먹고 진리를 따르다가도 혹은 걷어치우고, 반은 믿고 반은 의심하여, 반은 천지를 믿고 반은 미신을 믿으니, 이것은 천지부모를 배척하는 것입니다. 이러면 천지부모가 크게 노하여 자손이 보잘 것

니하므로"(『동경대전』 「논학문」)

없이 됩니다. 이 이치를 자세히 안 뒤에라야 거의 도문에 들어섰다고 할 수 있을 것입니다. 이것이 "개벽 후 오만년에 헛되이 애만 쓰고 이루지 못하다가 너를 만나 성공하니"[9] 하신 한울님 뜻이니 밝게 살피고 깊이 연구하세요.

---

9 「용담가」. 개벽 이후 사람들이 하늘이 무서운 줄은 알았으되, 내 몸에 모셔져 있음은 누구도 몰랐음이다. 한울님의 진리를 가르치는 선각자는 많았으되 온전한 진리는 처음 밝혀지므로 그동안 한울님 입장에선 노력했지만 공이 없었다고 하는 것이다.

七. 待人接物대인접물 : 사람을 대하고 사물을 접할 때[1]

1. 人是天이니 事人如天하라 吾見諸君하니 自尊者 多矣라 可嘆也
   인시천　　사인여천　　오견제군　　자존자 다의　　가탄야
   요 離道者自此而生하니 可痛也러라 吾亦有此心이라 生則生也
   이도자자차이생　　가통야　　오역유차심　　생즉생야
   나 不敢生此心也는 天主를 不養吾心也-恐也인져
   불감생차심야　천주　불양오심야공야

   사람이 바로 한울이니 사람 섬기기를 한울같이 하십시오. 여러분
   을 보니 스스로 잘난 체 하는 사람이 많아서 한심하기도 하고, 도
   에서 이탈되는 사람도 이래서 생기니 슬픈 일입니다. 나도 또한 이
   런 자존심이 있고, 생길 수도 있지만, 감히 내지 않는 것은 한울님
   을 내 마음에 봉양하지 못할까 두렵기 때문입니다.

2. 只長驕慢奢侈之心하여 其終何爲也리오 吾見人者 多矣나 好
   지장교만사치지심　　기종하위야　　오견인자 다의　　호

---

1 1871년 12월 문경에서의 이필제 난으로 관의 검속이 심해져 강원 영월군 중동면 직곡리
   에 피신해 있을 때 각지 두목이 선생을 찾아뵙자 주신 가르침이다.

學者를 未見也로다 外飾者 道遠이요 眞實者 道近이니 御人無
학 자 미 견 야   외 식 자 도 원   진 실 자 도 근   어 인 무
碍者라야 可謂近道矣인저
애 자   가 위 근 도 의

교만하고 사치한 마음을 길러 무엇에 쓸까요. 내가 본 사람이 많지

만 교만과 사치 대신 배움을 좋아하는 사람을 아직 보지 못했습니

다. 겉으로 꾸며대는 사람은 도에 멀고 진실한 사람이 도에 가깝습

니다. 사람을 대하여 있는 그대로 거리낌이 없이 대할 수 있어야

도에 가깝다 할 것입니다.

3. 知其其然者와 恃其其然者와 快哉其其然之心者는 距離相異
   지 기 기 연 자   시 기 기 연 자   쾌 재 기 기 연 지 심 자   거 리 상 이
   하니 滿心快哉而後라야 能爲天地大事矣인저
        만 심 쾌 재 이 후   능 위 천 지 대 사 의

진리가 그러함을 아는 사람과 진리가 그러함을 믿는 사람과 진리

가 그러함을 마음으로 기쁘게 느끼는 사람은 진리에 가까운 정도

가 같지 않습니다. 마음이 흐뭇하고 유쾌하게 한울 진리를 느낄 수

있어야 천지의 큰 일을 할 수 있습니다.

4. 余過淸州라가 徐垞淳家에서 聞其子婦織布之聲하고 問徐君曰
여과청주 서택순가 문기자부직포지성 문서군왈

「彼誰之織布之聲耶아」하니 徐君對曰「生之子婦織布也니이
피수지직포지성야 서군대왈 생지자부직포야

다」어늘 又問曰「君之子婦織布 眞是君之子婦織布耶아」하니
우문왈 군지자부직포 진시군지자부직포야

徐君이 不卞吾言矣러라 何獨 徐君耶아 道家人來어든 勿人來
서군 불변오언의 하독 서군야 도가인래 물인래

言하고 天主降臨言라
언 천주강림언

내가 청주를 지나다가 서택순[2]의 집에서 그 집 며느리가 베 짜는
소리를 듣고 서 군에게 묻기를 "저것은 누가 베를 짜는 소리입니
까" 하니, 서 군이 대답하기를 "제 며느리가 베를 짭니다" 하는지
라, 내가 또 묻기를 "그대의 며느리가 베 짜는 것이 참으로 그대의
며느리가 베 짜는 것입니까" 하니, 서 군이 나의 말을 분간치 못하
더이다. 이 말 뜻을 모르는 이가 어찌 서군 뿐일까요. 이제부터 도
인 집에 사람이 오거든 사람이 왔다 이르지 말고 한울님이 강림하
셨다 말하십시오.

---

2 서택순. 1849년 10월 3일 충북 청원군 북이면 금암리에서 출생하여 1884년 손천민의 포
덕으로 동학에 입도하였다.

5. 道家婦人은 輕勿打兒소서 打兒卽 打天矣니 天厭氣傷하리라 道
   도가부인   경물타아   타아즉 타천의 천염기상   도
家婦人이 不畏 天厭氣傷而 輕打幼兒則 其兒必死矣리니 切勿
가부인   불외 천염기상이 경타유아즉 기아필사의   절물
打兒소서
타아

도가의 부인은 경솔히 아이를 때리지 마세요. 아이를 때리는 것은
곧 한울님을 때리는 것이니 한울님이 싫어하고 기운이 상합니다.
도인 집 부인이 한울님이 싫어하고 기운이 상하는 것을 두려워하
지 않고 경솔히 아이를 때리면, 그 아이가 반드시 죽을 것입니다.
그러니 일절 아이를 때리지 마십시오.

6. 惡人은 莫如善待리라 吾道正則 彼必自正矣니 奚暇에 較其
   악인   막여선대   오도정즉 피필자정의   해가   교기
曲直長短哉리오 謙讓은 立德之本也라 仁有 大人之仁 小人之
곡직장단재   겸양   입덕지본야   인유 대인지인 소인지
仁하니 正己和人은 大人之仁心也인저
인   정기화인   대인지인심야

악한 사람은 똑같이 대하기보다 선으로 대하는 것이 좋습니다. 나
의 도가 바르면 저 사람이 반드시 스스로 바르게 돌아올 것이기 때
문입니다. 시비를 따진다 해도 어느 겨를에 그 옳고 그름을 가리고
길고 짧은 것을 비교하겠습니까. 그러므로 내가 양보하고 낮추는
겸양은 덕을 세우는 근본입니다. 어진 것은 대인의 어진 것과 소인

의 어진 것이 있으니 먼저 나를 바르게 하고 사람들과 융화하는 것
이 대인의 어진 마음입니다.

7. 以詐交者는 亂道者요 悖道者요 逆理者也인저
   이 사 교 자   난 도 자   패 도 자   역 리 자 야

   거짓으로 사람을 사귀는 사람은 도를 어지럽게 하고 도를 사납게
   하는 자요, 이치를 거역하는 자입니다.

8. 待人接物에 必隱惡揚善으로 爲主하소서 彼以暴惡對我則 我以
   대 인 접 물   필 은 악 양 선   위 주   피 이 포 악 대 아 즉   아 이
   仁恕待之하고 彼以狡詐飾辭則 我以正直順受之則 自然歸化
   인 서 대 지   피 이 교 사 식 사 즉   아 이 정 직 순 수 지 즉   자 연 귀 화
   矣리라 此言雖易나 體用至難矣니 到此來頭하여 可見道力矣리
   의   차 언 수 이   체 용 지 난 의   도 차 내 두   가 견 도 력 의
   라 或道力未充하여 率急遽難忍耐하면 率多相冲이니 當此時하여
      혹 도 력 미 충   솔 급 거 난 내   솔 다 상 충   당 차 시
   用心用力을 順我處我則 易하고 逆我處我則 難矣리라 是故로
   용 심 용 력   순 아 처 아 즉   이   역 아 처 아 즉   난 의   시 고
   待人之時에 忍辱寬恕하여 自責內省爲主하고 非人勿直하소서
   대 인 지 시   인 욕 관 서   자 책 내 성 위 주   비 인 물 직

   사람을 대하고 물건을 접할때 반드시 악을 숨기고 선을 찬양하는
   것으로 주를 삼으세요. 저 사람이 포악하게 나를 대하면 나는 어질
   고 용서하는 마음으로 대하고, 저 사람이 교활하고 거짓으로 말을

꾸미면 나는 정직하게 순히 받아들이세요. 그러면 자연히 돌아와 화할 것입니다. 말은 쉽지만 몸소 행하기는 지극히 어려우니 이때 그 사람의 도력을 볼 수 있습니다. 혹 도의 마음이 부족하여 경솔하고 급하여 인내하지 못하면 서로 충돌하는 일이 많아집니다. 이런 때, 마음을 쓰고 힘을 쓰는 데 내 마음을 따라 순순히 처신하면 쉽고, 내 마음을 거슬려 처신하면 어려워집니다. 이러므로 사람을 대할 때에 욕을 참고 너그럽게 용서하여, 스스로 자기 잘못을 꾸짖으며 나 자신을 살피는 것을 주로 하고, 사람의 잘못을 그대로 말하지 마세요.

9. 吾非血塊어니 豈無是非之心이나 若生血氣면 傷道故로 吾不爲
오 비 혈 괴   기 무 시 비 지 심   약 생 혈 기   상 도 고   오 불 위
此也러라 吾亦有五臟이니 豈無貪慾之心이나 吾不爲此者는 養
차 야   오 역 유 오 장   기 무 탐 욕 지 심   오 불 위 차 자   양
天主之故也인저
천 주 지 고 야

나도 또한 감정이 있는 사람인데 어찌 시비하는 마음이 없을까요. 하지만 화를 내면 도를 상하므로 이를 하지 아니합니다. 나도 오장이 있는 사람이니 어찌 탐욕하는 마음이 없을까만, 이를 하지 않는 것은 한울님을 봉양하는 까닭입니다.

10. 是는 皆不忘 大先生主之命教라 故로 吾如是也인저
    시 개불망 대선생주지명교   고   오여시야

이는 다 대선생님이 명하고 가르친 것을 잊지 않는 것입니다. 그러
므로 이렇게 할 뿐입니다.

11. 淸明在躬[3]이면 其知如神이니 淸明在躬之本心은 卽 道至而盡
    청명재궁   기지여신   청명재궁지본심   즉 도지이진
矣라 日用行事 莫非道也인저 一人善之에 天下善之하고 一人
의   일용행사 막비도야   일인선지 천하선지   일인
和之에 一家和之하고 一家和之에 一國和之하고 一國和之에 天
화지 일가화지   일가화지   일국화지   일국화지 천
下同和矣리니 沛然을 孰能御之리오
하동화의   패연   숙능어지

마음이 맑고 밝게 행하면 그 아는 것이 신과 같을 것입니다. 그 사
람이 맑고 밝은 것은 곧 도를 지극히 다하고 있다는 뜻입니다. 매
일 행하는 모든 일이 도 아님이 없습니다. 한 사람이 착해지면 천
하가 착해지고, 한 사람이 화해지면 한 집안이 화해지고, 한 집안
이 화해지면 한 나라가 화해지고, 한 나라가 화해지면 천하가 같이
화할 것이니, 비 내리듯 하는 것을 누구도 막을 수 없습니다.

3 몸, 자신, 몸소 행할 궁.

12. 凡臨機處事에 以愚黙訥[4]三字로 爲用하소서 若輕聽發言則 必
    범 임 기 처 사   이 우 묵 눌 삼 자 로   위 용   약 경 청 발 언 즉 필
陷於非人之讒詐也인저 是以做去則 功必歸修요 事必歸正矣
함 어 비 인 지 참 사 야   시 이 주 거 즉   공 필 귀 수   사 필 귀 정 의
러라 待人之時에 如少兒樣하소서 常如花開之形이면 可以入於
    대 인 지 시   여 소 아 양   상 여 화 개 지 형   가 이 입 어
人和成德也인저
인 화 성 덕 야

언제든 일에 임하여 '어리석은 듯 · 침착하게 · 말조심' 세 자를 활
용하세요. 만약 경솔하게 남의 말을 듣고 스스로 판단하지 않고 그
대로 옮기면, 반드시 나쁜 사람의 속임에 빠집니다. 이렇게 실행해[5]
나가면 공은 반드시 닦는 대로 돌아오고 일은 반드시 바르게 돌아
갈 것입니다.

사람을 대할 때는 언제나 어린아이를 대할 때같이 하세요. 항상 꽃
이 피듯 활짝 웃는 모습으로 대하면 마음으로 화합하고 덕을 이룰
수 있을 겁니다.

13. 孰非我長이며 孰非我師리오 吾는 雖婦人少兒之言이라도 可學
    숙 비 아 장   숙 비 아 사   오   수 부 인 소 아 지 언   가 학
而可師也인저
이 가 사 야

---

4 愚 어리석을 우, 黙 잠잠할 묵, 訥 말 더듬을 눌.
5 사람의 말 가운데는 옳고 그름이 있는 것을, 그 중에서 옳은 말은 취하고 그른 말은 버리
   어 거듭 생각하여 마음을 정하라.(『동경대전』, 「수덕문」)

누가 나에게 어른이 아니며 스승이 아니겠습니까. 나는 부인과 어린아이의 말이라도 배울 만한 것은 배우고 스승으로 모실 만한 것은 스승으로 모십니다.

14. 有事則 以理應事하고 無事則 靜坐存心하소서 多言多慮는 最
　　유사즉 이리응사　　　무사즉 정좌존심　　　다언다려　　최
害心術也인저
해심술야

일이 있으면 일의 이치를 따져 응하고 일이 없으면 조용히 앉아서 마음 공부를 하세요. 불필요한 말을 많이 하고 걱정을 많이 하는 것은 마음 공부에 가장 해롭습니다.

15. 毁斥傷生은 君子謂之 不孝也니 論人長短은 大害道德也인저
　　훼척상생　　군자위지 불효야　　논인장단　　대해도덕야
良工之庭에 不拒曲材요 明醫之門에 不拒病夫요 聖道之席에
양공지정　　불거곡재　　명의지문　　불거병부　　성도지석
不拒愚夫인저
불거우부

남을 훼방하고 배척하며 삶을 상하게 하는 것은 천지부모에 대한 불효라고 하였습니다. 사람의 장단점을 말하지 마세요. 도덕에 크게 해롭습니다. 잘하는 목수는 구부러진 재목을 거절하지 않고, 명

의는 병든 사람을 거절하지 않고, 성인의 도를 배우는 자리에는 어리석은 사람을 거절하지 않습니다.

16. 言顧行하고 行顧言하여 言行一致하소서 言行相違則 心天相離
언고행　　행고언　　언행일치　　　언행상위즉　심천상리
요 心天相離則 雖窮年沒世라도 難入於聖賢之地位也인저
심천상리즉　수궁년몰세　　　난입어성현지지위야

말은 행할 것을 돌아보고 행동은 말한 것을 돌아보아, 말과 행동이 같아야 합니다. 말과 행동이 서로 어기면, 말하는 내 마음과 행하는 한울기운이 서로 어긋나고, 마음과 한울이 어긋나 떨어지면 비록 해가 다하고 세상이 꺼질지라도 성현의 지위에 들어가기 어렵습니다.

17. 萬物莫非侍天主니 能知此理則 殺生不禁而自禁矣리라 鴛雀
만물막비시천주　능지차리즉　살생불금이자금의　　연작
之卵을 不破以後라야 鳳凰來儀하고 草木之苗를 不折以後라야
지란　불파이후　　봉황내의　　초목지묘　부절이후
山林茂盛矣인저 手折花枝則 未摘其實이요 遺棄廢物則 不得
산림무성의　수절화지즉　미적기실　　유기폐물즉　부득
致富인저 羽族三千도 各有其類요 毛蟲三千도 各有其命이니 敬
치부　　우족삼천　각유기류　모충삼천　각유기명　　경

物則德及萬邦矣리라[6]
물 즉 덕 급 만 방 의

만물이 모두 한울을 모신 존재니 이 이치를 알면 살생은 강제하지 않아도 자연히 금해질 것입니다. 제비알도 깨지 않아야 귀한 봉황도 올 것입니다. 초목의 싹을 꺾지 않아야 산림이 무성히 자랄 수 있습니다. 손수 꽃가지를 꺾으면 그 열매를 따지 못할 것이요, 폐물을 버리면 부자가 될 수 없습니다. 수많은 날짐승도 각각 그 종류가 있고 무수한 털벌레들도 각각 그 목숨이 있으니, 이 모든 물건을 공경하면 덕이 온 세상에 미칠 것입니다.

6 萬邦 만방. 모든 나라.

八. 靈符呪文영부주문 : 영부와 주문

1. 心者는 在我之本然天也니 天地萬物이 本來一心인저 心有先
   심 자   재아지본연천야   천지만물   본래일심   심유선
   天後天之心이요 氣亦有先天後天之氣인저 天地之心은 神神靈
   천후천지심   기역유선천후천지기   천지지심   신신령
   靈이요 天地之氣는 浩浩蒼蒼이라 滿乎天地하고 亘乎宇宙也인저[1]
   령   천지지기   호호창창   만호천지   긍호우주야

마음이란 내게 있는 본연의 한울이니 천지만물이 본래 한마음입
니다. 마음은 개벽되어야 할 옛 세상의 마음과 한울 마음이 된 새
세상의 마음이 있고, 기운도 또한 마찬가지로 선천과 후천의 기운
이 있습니다. 천지의 마음은 말할 수 없이 신령하며, 천지의 기운
은 무한히 넓고 무성하여 천지에 가득 차고 우주에 뻗쳐 있습니다.

2. 經에 曰「吾有靈符하니 其名仙藥이요 其形太極이요 又形弓弓이니
   경   왈 오유영부   기명선약   기형태극   우형궁궁
   受我此符하여 濟人疾病하라」하시니 弓乙其形은 卽「心」字也인저
   수아차부   제인질병   궁을기형   즉 심 자야

---

1 亘 걸칠, 더할 수 없이 펼칠 긍.

경에 말씀하시기를 "나에게 신령한 부[2] 있으니 그 이름은 신선의 약이요 그 형상은 태극이요 또 형상은 궁궁이다. 나의 이 영부를 받아 사람을 질병에서 건지라"[3] 하셨으니, 궁을의 그 모양은 곧 마음 심 자입니다.

3. 心和氣和면 與天同和리라 弓是天弓이요 乙是天乙이니 弓乙은
   심화기화 여천동화   궁시천궁   을시천을   궁을
   吾道之符圖也요 天地之形體也인저 故로 聖人受之하사 以行天
   오도지부도야   천지지형체야   고   성인수지   이행천
   道하시고 以濟蒼生也인저
   도   이제창생야

내 마음과 한울 기운이 서로 화합하면 한울과 같이 화합할 것입니다. 궁은 바로 한울 형상이요, 을도 또한 한울 형상이니 궁을은 우리 도를 상징하는 그림이요 천지의 형체입니다. 그러므로 성인이 받으시어 천도를 행하시고 세상 사람들을 건지셨습니다.

2 영부는 사람들과 세상의 병을 고칠 신령스러운 부적이다.
3 『동경대전』, 「포덕문」.

4. 太極은 玄妙之理也니 透得則是爲萬病通治之靈藥矣
   태극 현묘지리야 투득즉시위만병통치지영약의

태극은 깊고 미묘한 한울의 이치니 환하게 깨치면 이것이 만병통치의 영약이 됩니다.

5. 今人은 但知用藥愈病이요 不知治心愈病하니 不治心而用藥이
   금인 단지용약유병 부지치심유병 불치심이용약
   豈有差病之理哉아 不治心而服藥은 是不信天而信藥인저
   기유차병지리재 불치심이복약 시불신천이신약

지금 사람들은 다만 약을 써서 병이 낫는 줄만 알고 마음을 다스려 병이 낫는 것은 알지 못합니다. 근본 원인이 되는 마음을 다스리지 않고 증상만 감추는 약에만 의존하면 어떻게 병이 낫겠습니까. 마음을 다스리지 않고 약을 먹는 것은 생명의 근원인 한울을 믿지 않고 약만 믿는 것입니다.

6. 以心傷心이면 以心生病이요 以心治心이면 以心愈病이라 此理를
   이심상심 이심생병 이심치심 이심유병 차리
   若不明卞이면 後學難曉故로 論而言之하나니 若治心而 心和氣
   약불명변 후학난효고 논이언지 약치심이 심화기
   和면 冷水도 不可以藥服之인저
   화 냉수 불가이약복지

잘못된 마음으로 한울 마음을 상하게 하면 마음으로써 병을 나게
하는 것이요, 한울 마음으로 잘못된 마음을 다스리면 마음으로써
병을 낫게 하는 것입니다. 이 이치를 만약 밝게 분별치 못하면 후학
들이 깨닫기 어렵겠으므로, 논하여 말합니다. 만약 마음을 다스려
마음이 화하고 기운이 화하면 냉수도 약으로 먹을 필요가 없습니다.

7. 此是 開闢後 五萬年에 勞而無功하다가 遇汝成功之天意也니
   차 시 개 벽 후 오 만 년   노 이 무 공   우 여 성 공 지 천 의 야
   明而察之하소서
   명 이 찰 지

이것이 "개벽 후 오만년에 헛되이 애만 쓰고 이루지 못하다가 너를
만나 성공하니"[4]라고 하신 한울님의 뜻이니 명확하고 자세히 알아
야 합니다.

8. 以心治心하고 以氣治氣하고 以氣食氣하고 以天食天하고 以天
   이 심 치 심   이 기 치 기   이 기 식 기   이 천 식 천   이 천
   奉天인저
   봉 천

---

4 『용담유사』, 「용담가」.

한울 마음으로 잘못된 마음을 다스리고, 한울 기운으로 내 기운을

다스리고, 내 기운으로 한울 기운을 먹고, 내게 모신 한울로 다른

한울을 먹고, 내 한울로 모든 한울을 받드는 것입니다.

9. 呪文三七字는 大宇宙 大精神 大生命 圖出之天書也니「侍天
   주 문 삼 칠 자   대 우 주 대 정 신 대 생 명 도 출 지 천 서 야   시 천
   主造化定」은 萬物化生之根本也요「永世不忘萬事知」는 是人
   주 조 화 정   만 물 화 생 지 근 본 야   영 세 불 망 만 사 지   시 인
   生食祿之源泉也인저
   생 식 록 지 원 천 야

주문 스물한 자는 대우주·대정신·대생명을 그려낸 천서입니다.

그중 '시천주 조화정'은 만물이 한울에서 생긴 근본을 뜻하고, '영

세불망 만사지'는 이 근본을 잊지 않고 지키는 것에서 사람이 먹고

사는 복록이 비롯된다는 뜻입니다.

10. 經에 曰「侍者는 內有神靈하고 外有氣化하여 一世之人이 各
    경   왈 시 자   내 유 신 령   외 유 기 화   일 세 지 인   각
    知不移者也라」하시니 內有神靈者는 落地初赤子之心也요 外
    지 불 이 자 야   내 유 신 령 자   낙 지 초 적 자 지 심 야   외
    有氣化者는 胞胎時 理氣應質而成體也인저 故로「外有接靈之
    유 기 화 자   포 태 시 이 기 응 질 이 성 체 야   고   외 유 접 령 지
    氣內有降話之敎」와「至氣今至願爲大降」이 是也인저
    기 내 유 강 화 지 교   지 기 금 지 원 위 대 강   시 야

경에 말씀하시기를 "모신다는 것은 내 안에 한울의 신령이 있고 밖에는 한울의 기화가 있어 서로 소통되는 것을 온 세상 사람이 각각 알아서 옮기지 않는 것이라"[5] 하셨습니다. 안에 신령이 있다는 것은 처음 세상에 태어날 때 한울로부터 받은 갓난아기의 마음을 이르는 것이고, 밖에 기화가 있다는 것은 포태할 때 한울의 이치와 기운이 부모의 바탕에 응하여 아기의 몸을 이룬 것을 뜻합니다. 그러므로 "밖으로 영이 접하는 기운이 있고 안으로 한울님 말씀의 가르침이 있다"는 것과 "지기금지 원위대강"[6]이라 한 것이 이것입니다.

11. 吾人之化生은 侍天靈氣而化生이요 吾人之生活도 亦侍天靈
　　오인지화생　　시천영기이화생　　　오인지생활　　　역시천영
氣而生活이니 何必斯人也 獨謂侍天主리오 天地萬物이 皆莫
기이생활　　하필사인야　독위시천주　　　천지만물　　개막
非侍天主也니라 彼鳥聲도 亦是 侍天主之聲也인저
비시천주야　　피조성　역시　시천주지성야

사람이 태어난 것은 한울님의 영기를 모시고 태어난 것이고, 사람이 사는 것도 또한 한울님의 영기를 모시고 사는 것입니다. 그러나 어떻게 사람만이 한울님을 모셨다고 하겠습니까? 천지만물이 다

---

5 『동경대전』「논학문」.
6 강령주문. "우주에 가득하여 만물을 간섭하고 명령하시는 한울님 기운(至氣)을 오늘에 이르러(今至) 내 기운과 기화되어 크게 깨달아 하나 되도록 기원합니다(願爲大降).

한울님을 모시지 않은 것이 없는 것입니다. 당연히 저 새소리도 또한 시천주의 소리입니다.

12. 吾道義는 以天食天-以天化天뿐 이니라 萬物生生은 稟此心此
    오 도 의   이 천 식 천 이 천 화 천   만 물 생 생   품 차 심 차
氣以後라야 得其生成하나니 宇宙萬物이 總貫一氣一心也인저
기 이 후   득 기 생 성   우 주 만 물   총 관 일 기 일 심 야

우리 도의 뜻은 내게 모신 한울로써 내 밖의 한울을 먹고, 밖의 한울로써 내 한울을 화하는 것입니다. 만물이 나고 생기는 것은 모두 이 한울 마음과 기운을 받아야 그 생성을 얻는 것입니다. 그러므로 우주만물은 모두 한 기운과 한 마음일 뿐입니다.

九. 守心正氣수심정기 : 사람의 마음 길

1. 人能淸其心源하고 淨其氣海하면 萬塵不汚요 慾念不生이면 天
   인 능 청 기 심 원　　　정 기 기 해　　　만 진 불 오　　육 념 불 생　　　　천
   地精神이 總歸一身之中이라 心無淸明이면 其人愚昧하고 心無
   지 정 신　　총 귀 일 신 지 중　　　심 무 청 명　　　기 인 우 매　　　심 무
   塵埃면 其人賢哲인저
   진 애　　기 인 현 철

   사람이 태어날 때 받은 본연의 마음을 맑게 지키고 바다같이 무한
   한 기운을 깨끗이 유지하면 어떤 티끌에도 더러워지지 않습니다.
   그렇게 마음을 맑게 하고 욕심이 생기지 않으면 한울과 하나 되어
   천지의 정신이 전부 한 몸 안에 돌아옵니다. 그러므로 마음을 맑고
   밝게 하지 못하면 어리석은 사람이 되고, 마음에 티끌이 없으면 어
   질고 사리에 밝은 사람이 됩니다.

2. 燈得膏油以後에 光焰明明이요 鏡得水銀以後에 照物昭昭요
   등 득 고 유 이 후　　　광 염 명 명　　　경 득 수 은 이 후　　　조 물 소 소
   器得火炎熔煉以後에 體質堅堅이요 人得心神敎訓以後에 意
   기 득 화 염 용 련 이 후　　　체 질 견 견　　　인 득 심 신 교 훈 이 후　　　의
   思靈靈矣인저
   사 영 령 의

등불은 기름을 부어야 불빛이 환하게 밝아지고, 거울은 수은을 칠해야 물건이 분명히 비치고, 그릇은 불에 녹아 단련되어야 체질이 굳고 변하지 않습니다. 그렇듯이 사람은 마음에 한울님의 가르침을 받아야 뜻과 생각이 신령하게 됩니다.

3. 身體는 心靈之舍也요 心靈은 身體之主也니 心靈之有는 爲一
   신체   심령지사야   심령   신체지주야   심령지유   위일
   身之安靜也요 慾念之有는 爲一身之擾亂也인저
   신지안정야   욕념지유   위일신지요란야

몸은 심령의 집일 뿐이고 심령이 몸을 움직이는 주인입니다. 심령이 있어서 몸이 안정되게 움직일 수 있지만, 욕념이 심령을 가리면 몸이 시끄럽고 어지러운 일에 빠집니다.

4. 心靈惟天也니 高而無上하고 大而無極하며 神神靈靈하고 浩浩
   심령유천야   고이무상   대이무극   신신영령   호호
   蕩蕩하며 臨事明知하고 對物恭之니라 思之則 天理得焉이요 不
   탕탕   임사명지   대물공지   사지즉 천리득언   불
   思之則 不得衆理矣니 心靈思之요 六官不思之인저 以心靈明
   사지즉 부득중리의   심령사지   육관불사지   이심령명
   其心靈이면 玄妙之理와 無窮之造化를 可得而用之니 用之則
   기심령   현묘지리   무궁지조화   가득이용지   용지즉
   滿乎宇宙之間이요 廢之則 藏乎一粒之中矣인저
   만호우주지간   폐지즉 장호일립지중의

심령은 다른 것이 아니라 오로지 한울입니다. 한울은 높아서 위가 없고 커서 끝이 없으며 신령하고 한없이 넓고 커서, 일에 임하면 밝게 알지만 물건을 대하면 공손합니다. 이런 이치를 생각해야 한울 이치를 얻을 것이요 생각하지 않으면 많은 이치를 얻지 못할 것입니다. 심령으로 생각할 것이요, 몸의 감각과 자의식으로 생각하는 것이 아닙니다. 내게 모신 심령으로 한울 심령을 밝히면 현묘한 이치와 무궁한 조화를 가히 얻어 쓸 수 있으니, 쓰면 우주 사이에 차고 폐하면 한 쌀알 가운데도 감추어질 정도로 자유자재합니다.

5. 鏡不蔽垢則明이요 衡不加物則平이요 珠不渾淤則光矣인저 人
   경 불 폐 구 즉 명   형 불 가 물 즉 평   주 불 혼 어 즉 광 의   인
   之性靈也如天之日月이니 日中則萬國自明이요 月中則千江自
   지 성 령 야 여 천 지 일 월   일 중 즉 만 국 자 명   월 중 즉 천 강 자
   照요 性中則百體自安이요 靈中則萬事自神矣인저
   조   성 중 즉 백 체 자 안   영 중 즉 만 사 자 신 의

거울은 티끌이 가리지 않아야 밝게 비치고, 저울은 물건을 더하지 않아야 평평하고, 구슬은 진흙을 닦아내야 빛이 납니다. 사람의 성령도 그렇습니다. 사람의 성령은 하늘의 해와 달 같아서, 해가 높이 뜨면 모든 나라가 자연히 밝아지고, 달이 높이 뜨면 모든 강이 자연히 비춰집니다. 그와 같이 성령이 몸의 중심에 이르면 어떤 몸이든 자연히 편안해지고, 모든 일은 자연히 신통하게 됩니다.

6. 廣厦千間이라도 主人不能保護면 其棟樑이 風雨倒壞하나니 可
   _{광 하 천 간}　　_{주 인 불 능 보 호}　　_{기 동 량}　_{풍 우 도 괴}　　　_가
不懼哉아 我心不敬은 天地不敬이요 我心不安은 天地不安이니
_{불 구 재}　_{아 심 불 경}　_{천 지 불 경}　　_{아 심 불 안}　_{천 지 불 안}
라 我心不敬不安은 天地父母 長時不順也니 此無異於 不孝之
　_{아 심 불 경 불 안}　_{천 지 부 모 장 시 불 순 야}　_{차 무 이 어 불 효 지}
事라 逆其天地父母之志는 不孝莫大於此也니 戒之愼之하소서
_사　_{역 기 천 지 부 모 지 지}　_{불 효 막 대 어 차 야}　_{계 지 신 지}

천 칸이나 되는 넓고 큰 집이라도 주인이 잘 보호치 않으면 그 기
둥과 들보가 비바람에 무너질 수 있으니 어떻게 두렵지 않을까요.
내 마음을 공경치 않는 것은 하나로 연결된 천지를 공경치 않는 것
과 같고, 마찬가지로 내 마음이 편안치 않은 것은 천지가 편안치
않은 것과 같습니다. 내 마음을 공경하지 않고 불안하게 하는 것은
그만큼 천지부모를 따르지 않는 것과 같아서, 이는 불효한 일이 아
닐 수 없습니다. 천지부모의 뜻을 거역하는 것은 이보다 더 큰 불
효가 없으니 경계하고 삼가소서.

7. 猛虎在前하고 長劍臨頭하고 霹靂降下라도 不懼나 唯獨無言無
   _{맹 호 재 전}　　_{장 검 임 두}　　_{벽 력 강 하}　　_{불 구}　_{유 독 무 언 무}
聲之天이 常畏懼矣인저 人皆由人之禍福은 當場易見이나 無形
_{성 지 천}　_{상 외 구 의}　_{인 개 유 인 지 화 복}　_{당 장 이 견}　　_{무 형}
無言天之禍福은 難見矣인저
_{무 언 천 지 화 복}　_{난 견 의}

사나운 범이 앞에 있고 긴 칼이 머리를 겨누고 벼락이 내려도 무섭

지 않지만, 오직 말 없고 소리 없는 한울은 언제나 무섭고 두렵습
니다. 사람에서 비롯된 화복은 당장이라도 볼 수 있고 피할 수도
있지만, 형상도 없고 말도 없는 한울의 화복은 보기도 어렵고 피할
수도 없기 때문입니다.

8. 世人이 皆謂蜀道險難矣나 蜀道無險이라 人心尤險인저
　　세인　개위촉도험난의　　촉도무험　　　인심우험

세상 사람이 다 촉으로 가는 길이 험난하다고 말하지만, 촉도[1]가
험한 것이 아니라 사람의 마음이 더욱 위태로운 것입니다.

9. 「守心正氣」四字는 更補天地隕絶之氣니라 經에 日「仁義禮智
　　수심정기　사자　갱보천지운절지기　　경　왈　인의예지
는 先聖之所教요 守心正氣는 惟我之更定이라」하니 若非守心
　　선성지소교　수심정기　유아지갱정　　　　　약비수심
正氣則 仁義禮智之道를 難以實踐也니라 吾 着睡之前에 曷敢
정기즉　인의예지지도　난이실천야　　오　착수지전　갈감
忘水雲大先生主 訓教也리오 洞洞燭燭[2]하여 無晝無夜니라
망수운대선생주　훈교야　　동동촉촉　　　무주무야

1　중국의 촉한으로 가는 길. 지금의 사천성 일대인 촉으로 가는 길은 험하고 위험하기로 유
　　명하다. 당나라의 이태백은 "촉으로 가는 길, 하늘로 가는 길보다 더 어렵다(蜀道難, 難于
　　上靑天)"고 하였다.
2　洞 골, 동굴 동. 燭 촛불, 등불 촉.

수심정기 네 글자는 천지의 생명들이 서로 떨어지고 끊어진 기운을 다시 고쳐 연결하는 것입니다. 경에 말씀하시기를 "인의예지는 옛 성인이 가르친 바요, 수심정기는 오직 내가 다시 정한 것이라"[3] 하셨으니, 한울 마음을 지키고 기운을 바르게 하지 않으면 인의예지의 도를 실천하기 어렵습니다. 내가 잠들기 전까지 어떻게 감히 수운 대선생님의 가르치심을 잊겠습니까. 삼가 조심하며 실천하기를 밤낮이 없게 합니다.

10. 諸君은 能知守心正氣乎아 能知守心正氣之法이면 入聖何難
　　　제군　　능지수심정기호　　능지수심정기지법　　　입성하난
가 守心正氣는 萬難中 第一難也인저 雖昏寢之時라도 能知他
　　수심정기　만난중　제일난야　　수혼침지시　　　능지타
人之出入하고 能聽他人之言笑라야 可謂守心正氣也인저 守心
인지출입　　능청타인지언소　　　가위수심정기야　　　수심
正氣之法은 孝悌溫恭이니 保護此心을 如保赤子하며 寂寂無
정기지법　효제온공　　보호차심　　여보적자　　　적적무
忿起之心하고 惺惺無昏昧之心이 可也인저
분기지심　　성성무혼매지심　가야

그대들은 수심정기를 아십니까. 수심정기 하는 법을 잘 알면 성인 되기가 무엇이 어렵겠습니까. 한울 마음을 지키고 기운을 바르게 하는 것은 모든 어려운 가운데 제일 어려운 것입니다. 비록 잠잘

---

3 『동경대전』, 「수덕문」.

때라도 능히 다른 사람이 나고 드는 것을 알고, 다른 사람이 말하고 웃는 것을 들을 수 있어야 수심정기라고 말할 수 있습니다. 수심정기 하는 법은 부모에게 효도하고 윗사람을 공경하며 타인에게 온화하고 겸손하게 대하는 것입니다. 이 마음 보호하기를 갓난아이 지키는 것같이 하며, 늘 조용하여 성내는 마음이 일어나지 않게 하고 늘 깨어 어리석고 어두운 마음이 없게 해야 합니다.

11. 心不喜樂이면 天不感應이요 心常喜樂이면 天常感應인저 我心
    심 불 희 락   천 불 감 응   심 상 희 락   천 상 감 응   아 심
    我敬이면 天亦悅樂인저 守心正氣는 是近天地我心也니 眞心은
    아 경   천 역 열 락   수 심 정 기   시 근 천 지 아 심 야   진 심
    天必好之하고 天必樂之인저
    천 필 호 지   천 필 낙 지

마음이 기쁘고 즐겁지 않으면 한울이 감응치 아니하고, 마음이 언제나 기쁘고 즐거워야 한울이 늘 감응하십니다. 내 마음을 내가 공경하면 한울이 또한 즐거워하십니다. 한울 마음을 지키고 기운을 바르게 하면 바로 천지를 내 마음에 가까이 하는 것과 같으니, 참된 마음은 한울이 반드시 좋아하고 즐거워하십니다.

十. 誠・敬・信 성·경·신 : 정성, 공경, 믿음

1. 吾道는 只在 誠 敬 信 三字인저 若非大德이면 實難踐行이요 果
　 오도　 지재 성 경 신 삼자　　약비대덕　　실난천행이요 과

能誠敬信이면 入聖如反掌인저
능성경신　　입성여반장

우리 도는 다만 성·경·신 세 글자에 있습니다.[1] 만일 큰 덕을 닦
은 이가 아니면 실제 삶에서 도를 실천하고 행하기가 어렵겠지만,
정말로 정성·공경·믿음에 능할 정도가 되면 성인되기가 손바닥
뒤집기처럼 쉽습니다.

2. 四時有序에 萬物盛焉하고 晝夜飜覆에 日月分明하고 古今長遠
　 사시유서　 만물성언하고　 주야번복　 일월분명하고　 고금장원

에 理氣不變이니 此는 天地至誠無息之道也인저 國君制法에 萬
　 이기불변이니 차는 천지지성무식지도야인저　 국군제법에 만

民和樂하고 大夫治法에 朝廷整肅하고 庶民治家에 家道和順하고
민화락하고 대부치법에 조정정숙하고　 서민치가에 가도화순하고

1　 "우리 도는 넓고도 간략하니 많은 말을 할 것이 아니라, 별로 다른 도리가 없고 성경신 석
　　자이니라." (『동경대전』, 「좌잠」)

士人勤學_에 國恩興焉_{하고} 農夫力穡_에 衣食豊足_{하고} 商者勤苦
사 인 근 학　국 은 흥 언　　농 부 역 색　의 식 풍 족　　상 자 근 고
_에 財用不竭_{하고} 工者勤業_에 機械俱足_{하니} 此_는 人民 至誠不失
재 용 불 갈　　공 자 근 업　기 계 구 족　　차　인 민 지 성 불 실
之道也_{인저}
지 도 야

사계절이 차례대로 오고가는 덕분에 만물이 무성히 자라고, 밤과
낮이 바뀌면서 해와 달의 역할이 뚜렷하듯이, 예와 지금이 길고 멀
어도 한울의 이치와 기운은 변하지 않습니다. 이 모두 천지의 지극
한 정성이 쉬지 않는 도입니다. 나라의 지도자가 이런 천지의 이치
를 따라 법을 만들면 모든 백성이 화합하고 기뻐합니다. 벼슬하는
사람이 그 법으로 다스리면 정부가 바르며 엄숙합니다. 모든 백성
이 이를 따라 집을 다스리면 집안이 순히 화합니다.

배우는 이가 학업에 부지런하면 국운이 흥성할 것이고, 농부가 힘
써 일하면 먹고 입는 것이 풍족해지고, 장사하는 사람이 부지런히
고생을 마다하지 않으면 재물이 마르지 않고, 공업하는 사람이 부
지런히 일하면 기계가 고루 갖추어집니다. 이는 살아가는 사람이
지극한 정성을 잃지 않는 도입니다.

3. 純一之謂誠이요 無息之謂誠이니 使此純一無息之誠으로 與天
   순 일 지 위 성   무 식 지 위 성   사 차 순 일 무 식 지 성   여 천
   地로 同度同運則 方可謂之大聖大人也인저
   지   동 도 동 운 즉 방 가 위 지 대 성 대 인 야

하나로 순수한 것을 정성이라 하고 쉬지 않는 것을 정성이라 합니
다. 이 순일하고 쉬지 않는 정성으로 천지의 법도와 운을 같이 할 수
있는 사람이라면 가히 대 성인이요 큰 인물이라고 할 수 있습니다.

4. 人人敬心則 氣血泰和하고 人人敬人則 萬民來會하고 人人敬
   인 인 경 심 즉 기 혈 태 화   인 인 경 인 즉 만 민 내 회   인 인 경
   物則萬相來儀하나니 偉哉라 敬之敬之也夫인저
   물 즉 만 상 래 의   위 재   경 지 경 지 야 부

사람마다 자기 마음과 서로의 마음을 공경하면 기혈이 크게 평화
로워집니다. 사람마다 사람을 공경하면 모든 사람이 모여들어 하
나 됩니다. 사람마다 만물을 공경하면 형체를 가진 모든 것이 거동
하여 옵니다. 공경이란 얼마나 거룩한지요!

5. 宇宙間 充滿者 都是渾元之一氣也니 一步足이라도 不敢輕擧
   우 주 간 충 만 자 도 시 혼 원 지 일 기 야   일 보 족   불 감 경 거
   也인저 余閑居時에 一小我 着屐而趨前하니 其聲鳴地하여 驚起
   야   여 한 거 시   일 소 아 착 극 이 추 전   기 성 명 지   경 기
   撫胸曰「其兒屐聲에 我胸痛矣러라」하니라 惜地를 如母之肌膚
   무 흉 왈 기 아 극 성   아 흉 통 의   석 지   여 모 지 기 부

하소서 母之肌膚 所重乎아 一襪子[2] 所重乎아 的知此理하고 體
　　　　모지기부　소중호　일말자　소중호　적지차리　　　체

此敬畏之心이면 雖大雨之中이라도 初不濕鞋也인저 此玄妙之
차경외지심　　　수대우지중　　　　초불습혜야　　　차현묘지

理也를 知者鮮矣며 行者寡矣니라 吾 今日에 始言大道之眞談
리야　지자선의　　행자과의　　　오　금일　시언대도지진담

也인저
야

우주에 가득찬 것은 오직 무한한 한울 기운일 뿐입니다.[3] 그 속에
서 한 걸음도 감히 경솔하게 걷지 못할 것입니다. 내가 한가히 있
을 때 한 어린 아이가 나막신을 신고 빠르게 앞을 지나니, 그 소리
가 땅을 울렸습니다. 그 소리에 놀라 일어나 가슴을 어루만지며,
"그 어린이의 나막신 소리에 내 가슴이 아프더라"고 말했습니다.
　땅을 소중히 여기되 어머님의 살갗을 대하듯 하세요. 어머님 살이
중한가요 신발이 중한가요. 땅과 우주와 어머님 살과 내 몸이 하나
인 이치를 바로 알고, 공경하고 두려워하는 마음으로 몸소 실천하
면, 아무리 큰비가 내려도 신발이 조금도 젖지 않을 것입니다. 신
발도 비도 나도 같은 한울 기운일 뿐이니까요. 이 깊고 미묘한 이
치를 아는 이가 적으며 행하는 이가 드물 것입니다. 내 오늘 처음

---

2 襪 버선 말. 발에 신는 것.
3 "「기」라는 것은 비었으나 신령한 영이 가득 무성하여 일에 간섭하지 아니함이 없고 일에
　명령하지 아니함이 없으나, 그러나 모양이 있는 것 같으나 형상하기 어렵고 들리는 듯하
　나 보기는 어려우니, 이것은 또한 혼원한 한 기운이요"(『동경대전』 「논학문」)

으로 대도의 진담을 말하였습니다.

6. 仁義禮智[4]도 非信則不行이요 金木水火도 非土則不成이니 人
   인 의 예 지   비 신 즉 불 행   금 목 수 화   비 토 즉 불 성   인
   之有信이 如五行之有土인저 億千萬事 都是在信一字而已인저
   지 유 신   여 오 행 지 유 토   억 천 만 사 도 시 재 신 일 자 이 이
   人之無信은 如車之無轍也인저 信一字는 雖父母兄弟라도 難以
   인 지 무 신   여 차 지 무 철 야   신 일 자   수 부 모 형 제   난 이
   變通也인저 經에 曰「大丈夫 義氣凡節 無信何生」이 是也인저
   변 통 야   경   왈 대 장 부 의 기 범 절 무 신 하 생   시 야
   信心卽信天이요 信天卽信心이니 人無信心이면 一等身[5]이요 一
   신 심 즉 신 천   신 천 즉 신 심   인 무 신 심   일 등 신   일
   飯囊而已인저
   반 낭 이 이

인의예지같은 성인의 가르침도 믿음이 없으면 행하지 못하고 금
목수화 같은 원소들도 중심에서 상호작용을 돕고 조정하는 토가
아니면 형상을 이루고 작용하지 못합니다.[6] 사람에게 믿음이 있는
것은 오행에 토가 있음과 같습니다. 세상 모든 일의 성패가 도무지
믿을 신 한 자에 달려 있습니다. 사람에게 믿음이 없다면 수레에
바퀴가 없는 것과 같습니다. 그 사람의 신념과 신뢰는 비록 부모형

4 유가의 대표적 가르침.
5 等神. 나무, 돌, 흙, 쇠 따위로 만든 사람의 형상이라는 뜻으로 몹시 어리석은 사람을 낮잡
   아 이르는 말. 등신의 신은 身이 아니라 神으로 표기해야 할 듯.
6 오행에서 중앙 토는 다른 네가지 원소를 완충하고 조정하는 중심이다.

제라도 대신하기 어렵습니다. 경에 말씀하시기를 "대장부 의기범절 신 없으면 어디 나며"[7] 하신 것이 이것입니다. 나의 참된 마음을 믿는 것은 곧 한울을 믿는 것이요, 한울을 믿는 것은 곧 마음을 믿는 것이니, 사람이 한울을 믿는 마음이 없으면 한 등신이요, 밥주머니일 뿐입니다.

7. 人或有誠而無信하고 有信而無誠하니 可嘆矣인저 人之修行은
   인 혹 유 성 이 무 신　　유 신 이 무 성　　가 탄 의　　인 지 수 행
   先信後誠이니 若無實信則 未免虛誠也인저 心信이면 誠敬이 自
   선 신 후 성　　약 무 실 신 즉 미 면 허 성 야　　심 신　　성 경　 자
   在其中也인저
   재 기 중 야

사람이 혹 일에 정성을 들이나 일이 잘 될지 믿음이 없다면, 비록 믿음이 있으나 일에 정성이 없다면 어떻게 일이 제대로 되겠습니까. 그러므로 사람이 닦고 행할 것은 먼저 바르게 믿고 그다음에 정성 들이는 것입니다. 만약 거짓된 것을 믿으면 헛된 정성을 면치 못하는 것이기 때문입니다. 참된 마음으로 믿으면 정성 공경은 자연히 그 가운데 있습니다.

7 『용담유사』, 「도수사」.

8. 我水雲大先生은 克誠克敬克信之 大聖也夫인저 誠格于天하여
   아 수 운 대 선 생   극 성 극 경 극 신 지 대 성 야 부   성 격 우 천

   承乎天命하시고 敬格于天하여 密聽乎天語하시고 信格于天[8]하여
   승 호 천 명   경 격 우 천   밀 청 호 천 어   신 격 우 천

   契合乎天하시니 玆以其爲大聖乎인저 生而知之之聖도 猶然이시
   계 합 호 천   자 이 기 위 대 성 호   생 이 지 지 지 성   유 연

   어든 矧乎 愚而欲賢이요 暗而欲明이요 凡而欲聖乎아
   신 호 우 이 욕 현   암 이 욕 명   범 이 욕 성 호

우리 수운 대선생께서는 정성에 능하고 공경에 능하고 믿음에 능
하신 큰 성인입니다. 정성이 한울에 이르러 천명을 계승하시었고,
공경이 한울에 이르러 조용히 천어를 들으시었고, 믿음이 한울에
이르러 약속이 한울과 합하셨습니다. 그러므로 큰 성인이 되신 것
입니다. 나면서부터 총명했다는 자질의 성인도 오히려 그러하셨
는데, 하물며 어리석은 사람이 어질고자 어두운 사람이 밝아지고
자 범인이 성인이 되고자 함에 어떤 다른 방도가 있겠습니까.

---

8 格 바로잡을, 겨룰, 대적할 격. 한울의 정성과 겨룰 정도의 정성과 공경, 믿음이란 뜻.

十一. 篤工독공: 독실한 공부

1. 篤工而不成者 未之有也인저 余 自辛酉之夏로 受道而篤工而
   독 공 이 불 성 자　미 지 유 야　　여　자 신 유 지 하　　수 도 이 독 공 이

   已러니 浴氷而生溫하고 焚膏而無減하니 誠之哉道學也夫인저
   이　　　욕 빙 이 생 온　　　분 고 이 무 감　　　성 지 재 도 학 야 부

   鑿井而後 飮하고 耕田而後食하니 人之心學이 不如飮食之業
   착 정 이 후　음　　　경 전 이 후 식　　　인 지 심 학　　불 여 음 식 지 업

   乎아 穀貯千倉도 必自一畝요 財聚萬貫도 必自一市요 德潤百
   호　곡 저 천 창　　필 자 일 묘　　재 취 만 관　　필 자 일 시　　덕 윤 백

   體도 必自一心인저
   체　　필 자 일 심

독실하게 공부하면 이루지 못할 것이 없습니다. 내가 신유년[1] 여름
에 도를 받은 뒤부터 다만 독실하게 공부할 뿐이었는데, 얼음물에
목욕하여도 오히려 따스한 기운이 돌고 불을 켜도 기름이 줄지 않
았습니다.[2] 보기 드문 일도 이루어지니 일상은 여북할까요. 이런

---

1 신유년은 1861년. 해월 선생은 수운 선생이 신유년에 포덕을 시작할 때 입도한 초기 제자
   중 한 사람이다.
2 1862년 3월에 수운 선생이 은적암에서 돌아와 박대여의 집에 계실 때 최경상이 찾아왔
   다. 선생께서 어찌 알고 찾아왔느냐고 하니 "아침에 일찍 일어나 심고한즉 선생님께서 이
   곳에 계신 영감이 있어 찾아왔습니다" 하였다. 또한 "제가 근일 독공할 때 반종지 기름으
   로 21일 밤을 지냈습니다." 하니 선생께서 기뻐하시고 포덕에 힘쓸 것을 권하셨다.(조기

일을 보더라도 정성 드려야 할 것은 도학입니다. 우물을 파야 물을 마실 수 있고, 농사 지어야 먹을 수 있습니다. 사람이 마음공부하는 것이 물 마시고 밥 먹는 일과 마찬가지입니다. 곡식을 여러 창고에 저장하는 것도 반드시 밭 한 이랑에서 시작하듯이, 많은 재물을 모으는 것도 반드시 한 시장으로부터 되듯이, 덕이 모든 생명을 윤택하게 하는 것도 반드시 한 마음에서 시작하는 것입니다.

2. 道之一念을 如飢思食하고 如寒思衣하고 如渴思水하라 富貴者
   도 지 일 념   여 기 사 식   여 한 사 의   여 갈 사 수   부 귀 자
   修道乎아 有權者修道乎아 有文者修道乎아 雖貧賤者라도 有
   수 도 호   유 권 자 수 도 호   유 문 자 수 도 호   수 빈 천 자   유
   誠이면 可以修道也
   성   가 이 수 도 야

도에 대한 한결같은 생각을 주릴 때 밥 생각 하듯이, 추울 때 옷 생각 하듯이, 목 마를 때 물 생각하듯이 하소서. 부귀한 자가 도를 닦겠습니까, 권력 있는 자가 도를 닦겠습니까, 유식한 자가 도를 닦겠습니까. 가진게 많은 사람은 삶을 바꾸려 하지 않습니다. 오히려 가난하고 천한 사람이라도 진리에 대한 정성만 있으면 도를 닦을 수 있습니다.

주, 『동학의 원류』, 54)

3. 學則必博하고 問則必審하고 行則必篤하라 若於三年에 道眼不
　　학 즉 필 박　　　문 즉 필 심　　　행 즉 필 독　　　약 어 삼 년　　도 안 불
明하고 心地不靈이면 此是無誠無信이니라 有誠有信則 轉石上
명　　　심 지 불 령　　　차 시 무 성 무 신　　　유 성 유 신 즉　전 석 상
山도 可易어니와 無誠無信 則 轉石下山도 亦難矣리니 學之易
산　　가 이　　　　무 성 무 신　즉　전 석 하 산　　역 난 의　　　학 지 이
難이 皆如是也
난　　개 여 시 야

배우는 것은 반드시 폭넓게 하고 묻는 것은 반드시 자세히 하고 행
하는 것은 반드시 독실하게 하세요. 만일 삼 년 만에[3] 진리를 보는
눈이 밝지 못하고 마음 바탕이 신령하지 못하면 이것은 진리에 대
한 정성과 믿음이 없기 때문입니다. 정성이 있고 믿음이 있으면 돌
을 굴려 산에 올리기도 쉽지만, 정성이 없고 믿음이 없으면 돌을
굴려 산에서 내리기도 어렵습니다. 공부하는 것의 쉽고 어려움도
이와 같습니다.

4. 絶其私慾하고 棄其私物하고 忘其私榮以後라야 氣聚神會하여
　　절 기 사 욕　　　기 기 사 물　　　망 기 사 영 이 후　　　기 취 신 회
豁然有覺矣인저 行則 指足坦途하고 住則 凝神太虛하고 坐則
활 연 유 각 의　　행 즉　지 족 탄 도　　　주 즉　응 신 태 허　　　좌 즉
調息綿綿하고 臥則 神入幽谷하여 終日如愚하며 氣平正이요 心
조 식 면 면　　　와 즉　신 입 유 곡　　　종 일 여 우　　　기 평 정　　　심

<hr>

3　"십 년을 공부해서 도성입덕 되게 되면 속성이라 하지마는 무극한 이내 도는 삼년불성 되
　　게 되면 그 아니 헛말인가."(『용담유사』, 「도수사」)

神淸明矣인저
신 청 명 의

사사로운 욕심을 끊고 사사로운 물건을 버리고 사사로운 영화를
잊어야, 한울 기운이 모이고 신령함이 모여 환하게 깨달음이 있을
것입니다. 그리 되면, 길을 갈 때 자연히 발끝이 평탄한 곳을 향하
고, 집에 있으면 정신이 조용한데 모이고, 자리에 앉으면 숨결이
고르고 편안하며, 누우면 정신이 그윽한 곳에 들어, 하루 종일 어
리석은 듯하며 기운이 흔들림 없이 평정하고 심신이 맑고 깨끗합
니다.

5. 余 少時自思컨대 上古聖賢은 意有別樣異標矣러니 一見大先
   여 소 시 자 사   상 고 성 현   의 유 별 양 이 표 의   일 견 대 선
   生主하고 心學以後에는 始知非別異人也요 只在心之定不定矣
   생 주   심 학 이 후   시 지 비 별 이 인 야   지 재 심 지 정 부 정 의
   인저 行堯舜之事하고 用孔孟之心이면 孰非堯舜이며 孰非孔孟이
   행 요 순 지 사   용 공 맹 지 심   숙 비 요 순   숙 비 공 맹
   리오 諸君은 體吾此言하여 自强不息이 其可矣哉인저 吾雖未貫
   제 군   체 오 차 언   자 강 불 식   기 가 의 재   오 수 미 관
   이나 唯望諸君之先通大道也인저
   유 망 제 군 지 선 통 대 도 야

내가 젊었을 때는 옛날 성현은 뜻이 특별히 남다른 표준이 있을 것
으로 생각했습니다. 하지만 한번 대선생님을 뵙고 마음공부를 한
뒤, 별다른 사람이 아님을 처음 알았습니다. 다만 마음을 정하고

정하지 못한 차이일 뿐입니다. 요순 임금처럼 덕으로 일을 행하고 공자와 맹자 같은 성현의 마음을 쓰면 누가 요순이 아니며 누가 공맹이 아니겠습니까. 여러분은 내 이 말을 바탕으로 스스로 굳세게 하여 쉬지 않는 것이 옳습니다. 그렇게 하여 나는 비록 통하지 못했으나 여러분은 먼저 대도를 통하기 바랍니다.

6. 淺見薄識이 不知道之根本하고 輒曰「予知」하나 吾不言而良
   천견박식   부지도지근본   첩왈 여지   오불언이양
   發一笑인저 人皆是 諸葛亮 姜太公을 道通謂之나 我思之에 實
   발일소   인개시 제갈량 강태공   도통위지   아사지   실
   非道通也인저 如干開心을 豈曰道通乎리오 與天地合其德하여
   비도통야   여간개심   기왈도통호   여천지합기덕
   能行天地造化然後에 方可謂之道通也인저 道通은 人欲千萬이
   능행천지조화연후   방가위지도통야   도통   인욕천만
   나 今觀所行則 人知小利하고 不知大利하니 可嘆可惜也인저
   금관소행즉 인지소리   부지대리   가탄가석야

천박한 견문과 식견으로 도의 근본을 알지도 못하면서 문득 "내가 아노라" 하는 사람이 있습니다. 이런 사람과 무슨 말을 하겠습니까. 그저 좋게 한번 웃고 맙니다. 사람들이 다 제갈량과 강태공을[4] 도통했다고 하는데, 내가 생각하기엔 정말 도통한 게 아닙니다. 약간 마음이 열렸다고 어찌 도통이라고 할 수 있겠습니까. 천지와 더불어

---

4 제갈량과 강태공은 현실 정치를 바꾸고자 했던 정치가. 권력의 욕구가 있던 사람들이다.

그 덕에 합하여 능히 천지조화를 행할 수 있어야 바야흐로 도통하였다 할 수 있을 것입니다. 도통은 모두 하고 싶어 하면서 지금 소행을 보면 작은 물질적 이익만 알고 도를 따르는 큰 이익은 알지 못하니, 탄식스럽고 애석한 일입니다.

十二. 聖人之德化_{성인지덕화} : 성인이 덕으로 화함

1. 明天地之道_{명천지지도}하고 達陰陽之理_{달음양지리}하여 使億兆蒼生_{사억조창생}으로 各得其業則_{각득기업즉}
豈非道德文明之世界乎_{기비도덕문명지세계호}리오

천지의 도를 밝히고 음양의 이치를 통달하여 세상 모든 생명으로 하여금 각각 그 살아가는 생업을 얻게 하면 이것이 도덕문명의 세계가 아닐런지요.[1]

2. 聖人之德行_{성인지덕행}은 如春風泰和之元氣_{여춘풍태화지원기} 布於草木群生也_{포어초목군생야}인저

---

1 원문의 업은 할 일이다. 해야 할 命이다. 사람에서 미물에 이르기까지 존재하는 의미가 있고 역할이 있다. 그것을 잘 찾아 행하면 보람 있는 삶이 되지만 자기 할 일을 모르고 자기 존재 의미를 모른다면 사는 것이 지옥일 것이다. 밥 먹고 살기 위한 직업도 중요하지만 평생에 걸친 목적의식이 있으면 삶의 보람이 있을 것이다. 내 진면목은 무엇이고 내 명은 무엇인가? 자신의 명을 잘 찾도록 도와주고, 그 명을 자유롭게 펼 수 있도록 해주는 사회가 도덕문명의 세계다. 모든 종교와 정치의 목표가 아닌가.

성인의 덕행은 봄바람과 같아서 생명을 틔우는 부드럽고 큰 기운
이 나무와 풀 같은 뭇 생명에 두루 퍼집니다.

3. 上天은 有心而無言하고 聖人은 有心而有言하니 惟聖人은 有心
　　상천　유심이무언　　　성인　유심이유언　　　유성인　유심
有言之天也인저
유언지천야

한울님은 마음이 있으나 말이 없고, 성인은 마음도 있고 말도 있으
니, 오직 성인은 마음도 있고 말도 있는 한울님입니다.

4. 兒生厥初에 孰非聖人이며 孰非大人이리오마는 衆人蚩蚩하여 心
　　아생궐초　숙비성인　　숙비대인　　　　　중인치치　　심
多忘失이나 聖人明明하여 不失天性하고 仍以率性하며 與天同
다망실　　성인명명　　　불실천성　　　잉이솔성　　　여천동
德하고 與天同大하고 與天同化하나니 天地所爲를 聖人能爲인저
덕　　여천동대　　여천동화　　　천지소위　성인능위

아이가 난 처음에는 누구나 성인과 대인의 마음과 같습니다. 그러
나 뭇 사람은 어리석어 물욕과 혈기에 마음을 빼앗기고 참된 마음
을 잊고 잃는 일이 많습니다. 성인은 밝게 알고 밝게 분별하여 한울
님 성품을 잃지 않고, 언제나 그 성품을 거느리며 한울님과 더불어
덕을 같이하고, 한울님과 더불어 같이 크고, 한울님과 더불어 같이

화합니다. 그러므로 천지가 하는 바를 성인도 할 수 있습니다.

5. 聖敎는 如旱天降雨하여 萬物이 各自欣榮하고 聖節은 如冬嶺孤松
   성교   여한천강우   만물   각자흔영   성절   여동령고송
   하여 獨帶春光하고 聖法은 如秋霜嚴肅하여 萬物이 皆無怨心인저
       독대춘광   성법   여추상엄숙   만물   개무원심

성인의 교화는 마치 가물던 하늘에서 비가 내리듯 만물이 스스로
기쁘게 받아들여 번영합니다. 성인의 절개는 겨울 산마루에 외로
운 소나무 같이 혹독한 시련에도 뜻을 꺾지 않고 홀로 봄빛을 띱니
다. 성인의 법도는 가을 서리같이 엄숙하여 차별이 없으므로 만물
이 다 원망하는 마음이 없습니다.

6. 聖人은 於凡人에 常以溫良和氣로 薰陶德聖하나니 諄諄然眷眷
   성인   어범인   상이온량화기   훈도덕성   순순연권권
   曉諭²하고 不出苛責之言인저 聖人之德化는 捨己德人하고 凡人
   효유   불출가책지언   성인지덕화   사기덕인   범인
   之私心은 利己害人인저 堯舜之世에 民皆爲堯舜이나 民豈可以
   지사심   이기해인   요순지세   민개위요순   민기가이
   爲皆堯舜也리오 是堯舜之德化中 薰育矣인저
   위개요순야   시요순지덕화중 훈육의

2 眷 돌아볼 권, 曉諭; 깨달아 알도록 타이름.

성인은 사람들에게 항상 온화한 기운으로 덕을 베풀어 인도합니다. 거듭 일러 친절히 가르치고 돌보고 돌보아 알아듣게 타이르고, 가혹하게 꾸짖는 말을 입 밖에 내지 않습니다. 성인의 덕화는 자기를 버리어 사람에게 덕이 되게 하고, 세상 사람의 사사로운 마음은 자기만 이롭게 하고 사람을 해롭게 합니다. 요순 임금 시절에 세상에 백성이 다 요순이 되었다 하나, 백성이 어떻게 다 요순이 되었겠습니까. 이것은 요순의 덕화 속에 인도되었다는 것입니다.

十三. 天道와 儒佛仙_{천도와 유불선 : 천도와 유도, 불도, 선도}

1. 吾道_는 源於無極而顯於太極_{이니} 根着於天上地下_{하고} 理潛於
   _{오도}   _{원어무극이현어태극}   _{근착어천상지하}   _{이잠어}

   渾元一氣_요 玄妙之造化 與天地日月_로 同體無窮矣_{인저} 吾道之
   _{혼원일기} _{현묘지조화} _{여천지일월}   _{동체무궁의}   _{오도지}

   眞理_는 似淺而深_{하고} 似卑而高_{하고} 似近而遠_{하고} 似暗而明_{인저}
   _{진리}   _{사천이심}   _{사비이고}   _{사근이원}   _{사암이명}

우리 도는 끝 없는 무형에 근원하여 이치와 기운의 세계에 드러났습니다. 그러므로 그 뿌리는 천상과 지하까지 뻗었고, 이치는 혼원한 큰 기운에 감춰져 있으며, 깊고 미묘한 조화는 천지일월과 하나로써 무궁합니다. 우리 도의 진리는 쉬운 것 같지만 깊은 근본까지 밝혔고, 속된 것과 고상한 것을 분별하지 않고, 가까이 접할 수 있지만 먼 곳까지 헤아릴 수 있고, 일견 세상 물정에 어두운 것 같으나 가장 밝은 것입니다.

2. 吾道는 似儒似佛似仙이나 實則 非儒非佛非仙也인저 故로 曰「萬
   오도   사유사불사선   실즉 비유비불비선야   고 왈   만

   古無之 無極大道也」니 先聖은 只言枝葉하고 不說根本이나 我水
   고무지 무극대도야   선성   지언지엽   불설근본   아수

   雲大先生主는 始創 天地 陰陽 日月 鬼神 氣運 造化之根本也
   운 대 선 생 주   시창 천지 음양 일월 귀신 기운 조화지근본야

   인저 苟非聰明達德者면 孰能知之리오 知者鮮矣니 可歎也인저
        구비총명달덕자   숙능지지   지자선의   가탄야

우리 도는 이치의 근원에서 '유도'와도 같고 '불도'와도 같고 '선도'
와도 같으나, 실인즉 '유'도 아니요 '불'도 아니요 '선'도 아닙니다.[1]
그러므로 "세상에 비길 데 없는 무극대도"[2]라 하였으니, 옛 성인은
다만 지엽만 말하고 근본은 말하지 못했으나, 우리 수운 대선생님
께서는 천지·음양·일월·귀신·기운·조화의 근본을 처음으로
밝히셨습니다. 진실로 총명하고 덕에 도달한 이가 아니면 누가 능
히 알겠습니까. 이 이치를 아는 이가 적으니 탄식할 일입니다.

---

1 "유도 불도 누천년에 운이 역시 다했던가…." (『용담유사』, 「교훈가」)
2 "만고 없는 무극대도 여몽여각 받아내어…." (『용담유사』, 「도수사」)

十四. 吾道之三皇 오도지삼황 : 우리 도의 삼황

1. 聖人首出하여 德化萬邦하고 德化萬邦하니 黎民是雍이로다 是誰
   성 인 수 출   덕 화 만 방   덕 화 만 방   여 민 시 옹   시 수
   之德고 天主之恩이로다
   지 덕   천 주 지 은

   성인이 처음 나시어 모든 나라에 덕으로써 화하였고, 그러함에 모
   든 백성이 이에 기뻐하였습니다. 이것이 누구의 덕인가, 한울님의
   은혜입니다.

2. 非天之明이라 大聖之明이니 是天之德을 大聖明之로다 浩浩其德을
   비 천 지 명   대 성 지 명   시 천 지 덕   대 성 명 지   호 호 기 덕
   非天孰降이며 明明其德을 非聖孰明고 蕩蕩其德을 聖人明之로다
   비 천 숙 강   명 명 기 덕   비 성 숙 명   탕 탕 기 덕   성 인 명 지

   한울이 밝은 것이 아니라 큰 성인이 밝은 것이니, 넓고 넓은 한울
   님의 덕을 큰 성인이 밝히셨기 때문입니다. 넓고 넓은 그 덕을 한
   울님이 아니면 누가 내리시며, 밝고 밝은 그 덕을 성인이 아니면
   누가 밝히겠습니까. 넓고 큰 그 덕을 성인이 밝히셨습니다.

3. 巍巍天道를 大聖初明하니 明明天地도 非日月不明이요 明明大
   외외천도   대성초명   명명천지   비일월불명   명명대
聖도 非亞聖不明이로다
성   비아성불명

높고 높은 천도를 큰 성인이 처음 밝히셨습니다. 밝고 밝은 천지도
해와 달이 아니면 밝히지 못하듯이, 밝고 밝은 큰 성인도 다음 성
인이 아니면 그 진리를 이어 밝히지 못합니다.

4. 天地非明이라 日月明明이요 日月非明이라 天皇其明이요 天皇
   천지비명   일월명명   일월비명   천황기명   천황
非明이라 地皇尤明이로다 天皇道와 地皇德을 人皇明之하니 天
비명   지황우명   천황도 지황덕 인황명지   천
皇地皇出世以後에 人皇出世는 理之固然矣니라
황지황출세이후   인황출세   이지고연의

그러므로 천지가 밝은 것이 아니라 해와 달이 밝고 밝은 것이고,
해와 달이 밝은 것이 아니라 천황(큰 성인)이 밝은 것이요, 천황이
밝은 것이 아니라 지황(다음 성인)이 더욱 밝은 것입니다. 천황의 도
와 지황의 덕을 인황(다음 다음 성인)이 밝히니, 천황 · 지황이 세상
에 난 뒤에 인황이 세상에 나는 것은 이치가 본래 그런 것입니다.[1]

---

1 천황은 수운 선생, 지황은 해월 선생, 인황은 의암 선생을 지칭하는 것으로 해석한다.

十五. 開闢運數개벽운수

1. 斯世之運은 天地開闢初之大運回復也니 世界萬物이 無非更
   사 세 지 운   천 지 개 벽 초 지 대 운 회 복 야   세 계 만 물   무 비 갱
   定胞胎之數也인저 經에 曰「山河大運이 盡歸此道하니 其源極
   정 포 태 지 수 야   경 에 왈 산 하 대 운   진 귀 차 도   기 원 극
   深하고 其理甚遠이라」하시니 此是開闢之運이요 開闢之理故也
   심   기 리 심 원   차 시 개 벽 지 운   개 벽 지 리 고 야
   인저 新乎天新乎地에 人與物이 亦新乎矣인저
      신 호 천 신 호 지   인 여 물   역 신 호 의

지금 세상은 천지가 처음 열리던 개벽의 큰 운수를 회복한 것이라
세계 만물이 새롭게 거듭나지 않는 것이 없습니다. 경에 말씀하시
기를 "산하의 큰 운수가 다 이 도에 돌아오니 그 근원이 가장 깊고
그 이치가 심히 멀도다"[1] 하셨으니, 이것은 바로 개벽의 운과 이치
를 밝히셨기 때문입니다. 새 하늘 새 땅에 사람과 만물이 또한 새
로워질 것입니다.

---

1 『동경대전』, 「탄도유심급」.

2. 萬年大一變 千年中一變 百年小一變 是天運也요 千年大一
   만년대일변 천년중일변 백년소일변 시천운야 천년대일
變 百年中一變 十年小一變은 是人事也인저
변 백년중일변 십년소일변 시인사야

만년에 크게 한 번 변하고, 천년에 중간 정도 변하고, 백년에 작게
변하는 것은 한울이 운행하는 이치이고, 천년에 크게 변하고, 백년
에 중간 정도 변하고, 십년에 작게 변하는 것은 사람의 일이 변화
하는 것입니다.

3. 盛而久則衰요 衰而久則盛이요 明而久則暗이요 暗而久則明이
   성이구즉쇠 쇠이구즉성 명이구즉암 암이구즉명
니 盛衰明暗은 是天道之運也요 興而後亡이요 亡而後興이요 吉
   성쇠명암 시천도지운야 흥이후망 망이후흥 길
而後兇이요 兇而後吉이니 興亡吉兇은 是人道之運也인저
이후흉 흉이후길 흥망길흉 시인도지운야

융성한 것이 오래되면 쇠퇴하고 쇠퇴한 것이 오래되면 다시 융성
해지는 것이요, 밝은 것이 오래되면 어두워지고 어두운 것이 오래
되면 다시 밝아집니다. 이러한 성쇠명암은 한울의 운입니다. 흥한
뒤에는 망하고 망한 뒤에는 흥하고, 길한 뒤에는 흉하고 흉한 뒤에
는 길해지는 흥망길흉은 사람의 운입니다.

4. 經에 曰「命其人 貴賤之殊하고 定其人 苦樂之理나 然而 君子
   경 왈 명기인 귀천지수   정기인 고락지리   연이 군자

   之德은 氣有正而心有定故로 與天地合其德하고 小人之德은 氣
   지덕 기유정이심유정고   여천지합기덕   소인지덕 기

   不正而心有移故로 與天地違其命하나니 此非盛衰之理耶아」하
   부정이심유이고   여천지위기명   차비성쇠지리야

   시니 此는 天理人事符合之數也인저
       차   천리인사부합지수야

경에 말씀하시기를 "한울님이 사람을 낼 때 귀하고 천하게 태어나

는 운명을 정해주고 괴롭거나 즐거운 일이 생기는 이치를 마련하

였다. 날 때의 귀천은 달라도 군자는 기운이 바르고 마음이 진리에

정해져 있어서 천지와 더불어 그 덕에 합한다. 소인은 기운이 바르

지 못하고 마음이 욕심을 따라 이리저리 옮기므로 천지와 더불어

해야 할 명을 어기니, 이것이 성하고 쇠하는 이치가 아니겠는가"[2]

하셨습니다. 이것이 한울 이치를 따르느냐 아니냐에 따라 사람의

삶이 달라지는 수입니다.

5. 春去春來에 花開花落은 是變運也요 寒來暑往에 萬物生成은 是
   춘거춘래   화개화락 시변운야   한래서왕   만물생성 시

   動運也요 河一淸千年에 聖人復起는 是天道人道 無窮之運也인저
   동운야 하일청천년   성인복기 시천도인도 무궁지운야

2 『동경대전』, 「논학문」.

봄이 가고 옴에 따라 꽃이 피고 지는 것은 형상이 변하는 운이고, 추위가 오고 더위가 감에 따라 만물이 나고 이루는 것은 생명이 움직이는 운입니다. 천지가 변하고 움직이듯, 세상의 기운이 땅에 떨어지면 이를 다시 가르쳐 일으킬 성인이 나게 되고 변할 것 같지 않던 자연의 변화로 이를 알리기도 하니 이것이 천도와 인도가 무궁히 이어지는 운입니다.[3]

6. 世間萬物이 有時顯 有時用이니 月夜三更에 萬物俱靜이요 日
   세간만물   유시현 유시용   월야삼경   만물구정   일
出東方에 群生皆動이요 新舊變遷에 天下皆動矣인저 東風之化
출동방   군생개동   신구변천   천하개동의   동풍지화
生도 非金風不成이니 金風吹時에 萬物成實인저 隨運而達德하
생   비금풍불성   금풍취시   만물성실   수운이달덕
고 察機而動作이면 事事有成矣인저 變而化하고 化而生하고 生
   찰기이동작   사사유성의   변이화   화이생   생
而盛하고 盛而還元이니 動則生이요 靜則沒矣인저
이성   성이환원   동즉생   정즉몰의

세상 만물이 나타나는 때가 있고 쓰는 때가 있습니다. 깊은 밤에는 만물이 다 고요하나, 해가 동쪽에 솟으면 모든 생령이 다 움직이듯이, 새 것과 낡은 것이 변천하는 때에 천하가 다 움직이는 것입니

---

3 사람과 천지의 기운은 하나이다. 그러므로 성인이 나올 때 천지 기운이 변화하는데 원문의 황하가 맑아진다는 것도 그런 표현.

다. 봄바람에 생명이 화해 나와도 가을 바람이 아니면 이루지 못하니 가을 바람이 불 때 만물이 결실합니다. 한울의 운을 따라야 덕에 달하고 시기를 살펴 움직여야 일마다 성공할 것입니다. 생명은 때를 따라 변해야 달라지고, 달라져야 새로 나고, 나와야 번성하고, 번성하였다가 다시 근원으로 돌아갑니다. 그러므로 생명은 움직이면 사는 것이요 고요하면 죽는 것입니다.

7. 晝夜明暗은 一日之變이요 晦望盈虧는 一月之變이요 寒暑溫凉은 一年之變인저 變而不變하고 動而復靜하고 靜而復動은 是理氣之變動也요 有時而變하고 有時而動하고 有時而靜은 是自然之道也인저

낮이 밝고 밤이 어두운 것은 하루가 변하는 것이고, 보름에 차고 그믐에 이지러지는 것은 한 달이 변하는 것이며, 춥고 덥고 따스하고 서늘한 것은 한 해가 변하는 것입니다. 변하나 본질은 변하지 않습니다. 움직이다 쉬고, 쉬었다 다시 움직이는 것이 모든 생명에 공통된 한울 이치와 기운의 변동입니다. 때에 맞춰 변하고 움직이고 쉬는 이 모두가 자연의 도입니다.

8. 先天生後天하니 先天之運이 生後天之運인저 運之變遷과 道之
   선천생후천   선천지운   생후천지운   운지변천   도지
   變遷은 同時出顯也인저 故로 運則 天皇氏始創之運也요 道則
   변천   동시출현야   고   운즉 천황씨시창지운야   도즉
   天地開闢日月初明之道也요 事則 今不聞古不聞之事也요 法
   천지개벽일월초명지도야   사즉 금불문고불문지사야   법
   則 今不比古不比之法也인저
   즉 금불비고불비지법야

옛 세상이 새 세상을 낳았으니 옛 세상 운이 새 세상 운을 낳은 것
입니다. 운이 변하는 것과 도가 변하는 것은 같은 때에 나타납니
다. 그러므로 우리 도는 운으로 보면 새로운 문명을 시작하는 천황
씨의 운이요, 도로 보면 천지가 개벽하여 해와 달이 처음으로 밝듯
이 모든 이치를 밝히는 도입니다. 일로 보면 지금도 들어 보지 못
하고 옛적에도 들어 보지 못한 한울과 사람이 하나 되는 일이요,
법으로 보면 지금도 비교할 수 없고 옛적에도 비교할 수 없는 수행
법입니다.[4]

9. 吾道之運에 堯舜孔孟之聖材多出矣인저
   오도지운   요순공맹지성재다출의

---

4 『동경대전』, 「논학문」. "우리 도는 지금도 듣지 못하고 옛적에도 듣지 못하던 일이요, 지
  금도 비교하지 못하고 옛적에도 비교하지 못하는 법이라. 닦는 사람은 헛된 것 같지만 실
  지가 있고, 듣기만 하는 사람은 실지가 있는 것 같지만 헛된 것이니라."

十五. 開闢運數개벽운수
113

우리 도의 운수에 요순 같은 성인과 공자 맹자 같은 성스러운 인물
이 많이 날 것입니다.

10. 吾道는 回復天皇氏之根本大運也인저
    오 도   회 복 천 황 씨 지 근 본 대 운 야

우리 도는 새로운 문명을 여는 천황씨[5]의 큰 근본 운수를 회복한
것입니다.

11. 天皇氏 無爲化氣之根本을 孰能知之리오 知者鮮矣인저
    천 황 씨 무 위 화 기 지 근 본   숙 능 지 지   지 자 선 의

천황씨가 드러내지 않고 자연스럽게 화하는 한울 기운의 근본을
누가 능히 알 수 있을까요. 아는 사람이 적을 것입니다.

12. 人是天人이요 道是大先生主無極大道也인저
    인 시 천 인   도 시 대 선 생 주 무 극 대 도 야

5 천황씨는 세상의 문명을 처음 연 성인.

사람은 한울 사람이 될 수 있으나, 그러기 위해선 대선생님의 무극 대도를 따라야 합니다.

13. 有運有信者는 一言而盡이나 不信天理者는 雖千言萬談이라도
유 운 유 신 자   일 언 이 진   불 신 천 리 자   수 천 언 만 담
無可奈何也니 一言而蔽之하면 都是在運數也인저
무 가 내 하 야   일 언 이 폐 지   도 시 재 운 수 야

한울의 운을 따르고 한울 이치를 믿는 사람은 한 번 말하면 다 알 수 있지만, 한울 이치를 믿지 않는 자는 아무리 많은 말로 설득해도 어쩔 수 없습니다. 이를 한마디로 하면 모두 운수에 있는 것입니다.

14. 雖有良田好畓이라도 若不播種則 不得勃興이요 若不耘鋤則
수 유 양 전 호 답   약 불 파 종 즉 부 득 발 흥   약 불 운 서 즉
秋無所望矣인저
추 무 소 망 의

아무리 좋은 논밭이 있어도 씨앗을 뿌리지 않으면 나지 않을 것이요, 만일 씨앗을 뿌렸어도 가꾸지 않으면 가을에 바랄 게 없습니다.[6]

6 김매기(수련)는 밭(마음)에 난 잡초(욕념)를 뽑는 일이기도 하다. 耘 김맬 운. 鋤 호미 서.

15. 此運은 先於東方이니 東方은 木運이라 故로 相撲則 生火也인저
차 운 선 어 동 방　　동 방　목 운　　고　　상 박 즉　생 화 아

이 운은 동방에서 먼저 시작했습니다. 동방은 나무의 운이므로 서
로 싸우면 불이 나서 스스로를 태워 없앨 것입니다.[7]

16. 斯世之運은 開闢之運矣라 天地不安하고 山川草木不安하고
사 세 지 운　개 벽 지 운 의　천 지 불 안　　산 천 초 목 불 안
江河魚鼈不安하고 飛禽走獸皆不安하리니 唯獨人이 暖衣飽食
강 하 어 별 불 안　　비 금 주 수 개 불 안　　유 독 인　난 의 포 식
하며 安逸求道乎리오 先天後天之運이 相交相替하여 理氣相戰
안 일 구 도 호　　선 천 후 천 지 운　　상 교 상 체　　이 기 상 전
이라 萬物皆戰이니 豈無人戰乎리오
만 물 개 전　　기 무 인 전 호

이 세상의 운수는 모든 것이 크게 바뀌는 개벽의 운수입니다. 그러
므로 천지도 산천초목도 다 편안치 못하고, 거기 사는 강물의 고기
도, 나는 새와 기는 짐승도 모두 편안치 못할 것입니다. 유독 사람
만이 따스하게 입고 배부르게 먹으며 편안하게 도를 구할 수 있겠
습니까. 옛 세상과 새 세상의 운이 서로 엇갈리어 옛 이치와 새 기
운이 서로 싸우니 만물이 다 싸웁니다. 어떻게 사람의 싸움이 없겠

---

7 쓸모없이 부딪쳐 불타 없어질 것인가, 아니면 뜨겁게 융합해 새로운 것을 만드는 장작불
　이 될 것인가!

습니까.

17. 天地日月은 古今不變이나 運數大變하니 新舊不同인저 新舊相
    천지일월   고금불변   운수대변   신구부동   신구상
替之時에 舊政旣退하고 新政未佈하여 理氣不和之際에 天下
체지시   구정기퇴   신정미포   이기불화지제   천하
混亂矣인저 當此時하여 倫理道德이 自壞하고 人皆至於禽獸之
혼란의   당차시   윤리도덕   자괴   인개지어금수지
群하나니 豈非亂乎리오
군   기비란호

천지일월은 예와 이제의 변함이 없으나 운수는 크게 변하므로, 새

것과 낡은 것이 같지 않을 겁니다. 새 것과 낡은 것이 서로 바뀌는

때에, 낡은 정치는 이미 물러가고 새 정치는 아직 펴지 못하여 한

울과 사람의 이치와 기운이 고르지 못하므로 천하가 혼란할 것입

니다. 이 때를 당하면 윤리와 도덕이 자연히 무너지고 사람은 다

짐승처럼 될 것이니, 어찌 난리가 아니겠습니까.

18. 吾道는 創立於三絶之運故로 國與民이 皆未免此三絶之運也
    오도   창립어삼절지운고   국여민   개미면차삼절지운야
인저 吾道生於吾國而 將吾國之運善矣乎인저 由吾道之運而
    오도생어오국이   장오국지운선의호   유오도지운이
吾國內에 英雄豪傑이 多出矣리니 派送於世界萬國而活動이면
오국내   영웅호걸   다출의   파송어세계만국이활동
獲得稱誦有形天也 活人佛也인저
획득칭송유형천야 활인불야

우리 도는 세 번 단절되는 운에 창립하였습니다. 우리 나라와 백성도 다 이 운을 겪어야 합니다. 그 시기가 지나면, 우리 도는 우리 나라에서 났으므로 장차 우리 나라 운수를 좋게 할 것입니다. 우리 도의 운수 덕분에 우리 나라 안에 영웅호걸이 많이 날 것이니, 세계 각국에 파송하여 활동하면 형상 있는 한울님이요, 사람 살리는 부처라는 칭송을 얻을 것입니다.

19. 吾道人의 目下之情은 麥飯疎衣而修道나 以後에는 能居高樓
　　오도인　목하지정　맥반소의이수도　이후　　능거고루
巨閣而 食白飯하고 着錦衣 依坐錦布而 修道矣인저
거각이 식백반　　착금의 의좌금포이 수도의

우리 도인들 지금 형편을 보면 보리밥을 먹고 거친 옷을 입으며 도를 닦으나, 이 다음에는 높고 큰 집에 살면서 쌀밥을 먹고 비단 옷을 입고 좋은 자리에 앉아서 도를 닦게 될 것입니다.[8]

8　당시에는 정부의 엄중한 탄압 속에서 포덕을 하였다. 이 말씀은 아마도 당시의 도인들을 달래고 격려하기 위한 것으로 보인다. 하지만 좋은 자리에 앉더라도 마음은 항상 가난하고 비워야 참된 도를 할 수 있다.

20. 今日入道者는 以白紙一束으로 禮幣나 日後則 以錦緞禮幣矣
    금일입도자   이백지일속   예폐   일후즉 이금단예폐의
    요 今日勸道則 人皆不信이나 日後則 人皆謂 願書於掌中侍
    금일권도즉 인개불신   일후즉 인개위 원서어장중시
    天主呪文矣라라 當此時하여 布德師를 派送于世界各國而 萬
    천주주문의   당차시   포덕사   파송우세계각국이 만
    國이 自然樂天地也인저
    국   자연낙천지야

　　지금 입도하는 사람들은 백지 한 권으로 예물을 드리지만 훗날에
　는 비단으로 예물을 드릴 것입니다.[9] 지금은 도를 권하면 사람들이
　다 믿지 아니하나 훗날에는 사람들이 다 손바닥에 시천주 주문을
　써 달라고 할 것입니다. 그 때를 맞아 포덕사를 세계 각국에 파송
　하면 모든 나라가 자연히 천국이 될 것입니다.

21. 我國之英雄豪傑은 人種之種이니 皆是萬國布德師 出去後에
    아국지영웅호걸   인종지종   개시만국포덕사 출거후
    只劣者는 留在本國이러니 至劣者上才요 道通人也인저
    지열자   유재본국   지열자상재   도통인야

　　우리나라의 영웅호걸은 인종 가운데 근본입니다. 영웅호걸들이
　만국 포덕사로 나간 뒤에 제일 못난이가 본국에 남아 있어도, 제일

9　동학 당시엔 입도하며 예물을 드리고, 한울에 치성할 때도 제물을 차려 지내기도 하였다.
　당시 사회 관습을 따른 것으로 보인다. 그러나 제물은 해월 선생이 청수일기로 하라는 말
　씀을 하시면서 차츰 없어졌고, 입도할 때의 예물도 현재는 없어졌다.

못난이가 좋은 재목이요 도통한 사람입니다.

22. 吾道는 至於中原布德之時라야 能達布德天下矣리라
　　오 도　　지 어 중 원 포 덕 지 시　　능 달 포 덕 천 하 의

우리 도는 세상의 중심까지 포덕할 때 포덕천하를 이룰 수 있을 것
입니다.

23. 問曰「何時에 顯道乎니까」神師曰「山皆變黑하고 路皆布錦
　　문 왈　　하 시　현 도 호　　신 사 왈　산 개 변 흑　　노 개 포 금
之時也요 萬國交易之時也인저」
지 시 야　　만 국 교 역 지 시 야

묻기를 "어느 때에 도가 세상에 드러나겠습니까?" 선생님 대답하
시기를 "산이 다 검게 숲이 무성해지고 길에 다 비단처럼 포장을
할 때요, 모든 나라와 교역할 때입니다."

24. 問曰「何時에 如斯乎니까」神師曰「時有其時하니 勿爲心急하라
　　문 왈　　하 시　여 사 호　　신 사 왈　시 유 기 시　　물 위 심 급
不待自然來矣리니 萬國兵馬 我國疆土內 到來而後退之時也
부 대 자 연 래 의　　만 국 병 마　아 국 강 토 내　도 래 이 후 퇴 지 시 야
인저」

묻기를 "어느 때에 이같이 되겠습니까?" 선생님 대답하시기를 "때는 그 때가 있으니 마음을 급히 하지 마세요. 기다리지 않아도 자연히 올 것이니, 온 세상 군대가 우리나라 땅에 왔다가 후퇴하는 때입니다."

十六. 修道法 수도법 : 수도하는 법 / 辨八節韻 : 팔절을 분석하여 말함

1. 只誦呪而[1] 全不窮理則 不可요 但欲窮理而 一不誦呪則 亦
지 송 주 이　전 불 궁 리 즉　불 가　단 욕 궁 리 이　일 불 송 주 즉　역
不可니 兩行兼全하여 暫不弛於 慕仰[2]이 如何리오
불 가　양 행 겸 전　잠 불 이 어 모 앙　여 하

기도만 하고 이치를 생각하지 않아도 옳지 않고, 오로지 이치를 연
구할 욕심에 한 번도 주문 외며 기도하지 않아도 또한 옳지 않습니
다. 두 가지를 같이 해야 온전한 공부가 되고, 그로써 잠깐이라도
우러러 믿는 마음을 늦추지 않아야 합니다.

2. 我是天이요 天是我也니 我與天은 都是一體也인저 然而나 氣不
아 시 천　천 시 아 야　아 여 천　도 시 일 체 야　연 이　기 부
正而 心有移故로 違其命이요 氣有正而 心有定故로 合其德이
정 이 심 유 이 고　위 기 명　기 유 정 이 심 유 정 고　합 기 덕
니 道之成不成이 都在於 氣心之正 如何矣인저
도 지 성 불 성　도 재 어 기 심 지 정 여 하 의

1　誦呪: '지기금지 원위대강 시천주 조화정 영세불망 만사지'의 주문을 외면서 마음을 수련
하는 동학의 기도법.
2　慕 그리워할, 믿고 따를 모. 仰 우러를, 믿다, 따를 앙. 모앙은 사모하고 우러르며 믿는 것.

내가 바로 한울이요 한울이 바로 나니, 나와 한울은 도무지 일체입니다. 그러나 내 기운을 바르게 하지 못하고 마음이 욕심을 따라 흔들리니 내가 진짜 해야 할 한울의 명을 어기게 됩니다. 내 기운이 바르고 마음이 정해져 있으면 한울의 덕에 합할 수 있습니다.[3] 그러므로 도를 이루고 이루지 못하는 것이 전부 내 기운과 마음이 바른가 바르지 못한가에 달려 있는 것입니다.

3. 明德命道 四字는 天人成形之根本也요 誠敬畏心 四字는 成物
   명 덕 명 도 사 자   천 인 성 형 지 근 본 야   성 경 외 심 사 자   성 물
   後 克復赤子心之 路程節次也니 詳察八節이 如何오「遠不求
   후 극 복 적 자 심 지   노 정 절 차 야   상 찰 팔 절 여 하   원 불 구
   而修我」도 我也요「送余心於其地」도 我也요「料吾身之化生」
   이 수 아   아 야   송 여 심 어 기 지   아 야   요 오 신 지 화 생
   도 我也요「欲言浩而難言」도 我也요「顧吾心之明明」도 我也요
   아 야   욕 언 호 이 난 언   아 야   고 오 심 지 명 명   아 야
   「理杳然於授受」도 我也요「度吾信之一如」도 我也요「我爲我
   이 묘 연 어 수 수   아 야   탁 오 신 지 일 여   아 야   아 위 아
   而非他」도 我也니 我外豈有他天乎아 故로「人是天人」也인저
   이 비 타   아 야   아 외 기 유 타 천 호   고   인 시 천 인 야

밝은 진리와 진리가 실현되는 덕, 해야 할 사명과 따라야 할 도 네 가지는 한울과 사람이 형상을 이룬 근본입니다. 정성과 공경, 삼감과 마음 씀 네 덕목은 몸을 이룬 뒤에 다시 갓난아이 같은 한울 마

---

3 『동경대전』, 「논학문」.

음을 회복하는 과정 절차입니다. 그러므로 자세히 팔절을 살펴 공부해야 합니다. "멀리 구하지 말고 나를 닦으라" 한 것도 나요, "내 마음을 그 땅에 보내라" 한 것도 나요, "내 몸의 화해난 것을 헤아리라" 한 것도 나요, "말하고자 하나 넓어서 말하기 어려우니라"한 것도 나요, "내 마음의 밝고 밝음을 돌아보라" 한 것도 나요, "이치를 주고 받는 것이 멀고 흐릿하니라" 한 것도 나요, "나의 믿음이 한결같은가 헤아리라" 한 것도 나요, "내가 나를 위하는 것이요 다른 것이 아니니라"[4] 한 것도 나니, 나 밖에 어찌 다른 한울이 있겠습니까. 그러므로 말씀하시기를 "사람이 바로 한울 사람이라" 하신 것입니다.

4. 然則 我與天이 都是 一氣一體也라 除去物慾하고 透得道理則
   연 즉 아 여 천   도 시 일 기 일 체 야   제 거 물 욕   투 득 도 리 즉
   至大至天 至化至氣 至於至聖이 摠是我也인저
   지 대 지 천 지 화 지 기 지 어 지 성   총 시 아 야

그러므로 나와 한울이 도무지 한 기운 한 몸입니다. 물질에 대한 욕망을 제거하고 도리를 환하게 깨달으면 지극히 크고 무한한 한

---

4 『동경대전』, 「팔절」. 명덕명도는 한울님의 모습, 진리의 모습. 성경외심은 그러한 진면목에서 멀어진 사람들이 다시 한울 본래 모습을 되찾기 위한 수행의 지침.

울의 지극한 기운과 완벽하게 화하여 지극한 성인에 이를 수 있습니다. 그것이 바로 나입니다.

5. 誠敬畏心과 待人接物은 萬事天也니 至化至氣 至於至聖之 節
   성경외심   대인접물   만사천야   지화지기 지어지성지 절
   次路程也인저
   차 노 정 야

정성과 공경, 삼감과 마음 씀 네 가지와 사람을 대하고 사물을 접하는 바른 행이 모든 일을 한울님 감응과 함께하는 방법입니다. 그것이 한울님 지기와 지극히 화하여 지극한 성인에 이르는 절차 과정입니다.

6. 此則斷無他論이요 是亦我言耄이나 惟聖之訓也니 惟我僉君子
   차 즉 단 무 타 론   시 역 아 언 모   유 성 지 훈 야   유 아 첨 군 자
   는 明辨力行하며 踐履眞天하여 共成大道之大願니이다
      명 변 력 행   천 리 진 천   공 성 대 도 지 대 원

이렇게 실행하면 결코 다른 설명이 필요 없습니다. 이러한 내 말이 노망 같지만 오직 성인이 가르치신 것입니다. 여러분은 밝게 분별하고 힘써 행하여 참된 한울의 이치를 실천하여 다같이 대도 이루기를 크게 원하는 바입니다.

十七. 夫和婦順_{부화부순 : 부부가 화합하고 순히 함}

1. 夫和婦順_은 吾道之第一宗旨也_{인저}
   _{부 화 부 순   오 도 지 제 일 종 지 야}

   부부가 화합하고 서로 따르는 것은 우리 도의 으뜸 가르침입니다.

2. 道之通不通_이 都是在 內外和不和_{인저} 內外和順則 天地安樂
   _{도 지 통 불 통   도 시 재 내 외 화 불 화   내 외 화 순 즉 천 지 안 락}
   _{하고} 父母喜悅_{하며} 內外不和則 天大惡之_{하고} 父母震怒矣_니 父
   _{부 모 희 열   내 외 불 화 즉 천 대 오 지   부 모 진 노 의   부}
   母震怒_는 卽 天地之震怒也_{인저}
   _{모 진 노   즉 천 지 지 진 노 야}

   도를 통하고 못하고는 모두 내외가 화합하고 따르는가 그렇지 못
   한가에 달려 있습니다. 내외가 화순하면 천지가 안락하고 부모도
   기뻐하지만, 내외가 불화하면 한울이 크게 싫어하고 부모가 노합
   니다. 천지가 곧 부모이니, 부모가 진노하는 것이 곧 천지가 진노
   하는 것입니다.

3. 天地 安樂之 微妙는 難見이나 震怒之象은 當場易見이니 大惶
   천지 안락지 미묘   난견   진노지상   당장이견   대황

   大悚也인저 夫婦和順則 天必感應하여 一年三百六十日을 如
   대송야   부부화순즉 천필감응   일년삼백육십일   여

   一朝過之矣인저
   일조과지의

천지가 편안하고 즐거워하는 것은 섬세하고 묘하여 보기 어렵지
만, 진노하는 형상은 당장이라도 쉽게 볼 수 있습니다. 크게 두려
운 일이 아닐 수 없습니다. 부부가 화순하면 한울이 반드시 감응하
시니 일년 삼백육십 일이 하루 아침같이 편안할 것입니다.[1]

4. 婦人은 一家之主也인저 敬天也 奉祀也 接賓也 製衣也 調食
   부인   일가지주야   경천야 봉사야 접빈야 제의야 조식

   也 生産也 布織也 皆莫非必由於 婦人之手中也인저
   야 생산야 포직야 개막비필유어 부인지수중야

부인은 한 집의 주인입니다. 한울을 공경하는 것과 제사를 받드는
것과 손님을 접대하는 것과 옷을 만드는 것과 음식을 만드는 것과
아이를 낳아서 기르는 것과 베를 짜는 것이 모두 부인의 손이 닿지
않는 것이 없기 때문입니다.

---

1 "한울님을 공경하면 가중차제 우환 없어 일년 삼백육십일을 일조같이 지내가니 천우신조
  아닐런가." (『용담유사』, 「권학가」)

5. 男乾女坤이니 男女不和則 天地丕塞이요 男女和合則 天地泰
   남 건 여 곤   남 녀 불 화 즉   천 지 비 색   남 녀 화 합 즉   천 지 태
   和矣니 夫婦卽天地者 此之謂也인저
   화 의   부 부 즉 천 지 자 차 지 위 야

남자는 하늘이 여자는 땅이 상징합니다. 그러므로 남녀가 화합치

못하면 하늘과 땅이 막히고, 화합하면 천지가 크게 화합니다. 부부

가 곧 천지란 이를 말한 것입니다.

6. 婦人不敏이면 雖 日用三牲之養²이라도 天必不應也인저 夫婦不
   부 인 불 민   수 일 용 삼 생 지 양   천 필 불 응 야   부 부 불
   和면 子孫零落인저
   화   자 손 영 락

부인이 어리석고 둔하면 아무리 날마다 진수성찬으로 봉양한다

해도 한울이 감응하시지 않을 것입니다. 만약 부부가 화합치 못

하면 한울이 감응치 않아서 그 사이에서 나온 자손이 보잘것 없이

됩니다.

2 세 가지 희생은 옛날 제사에 올리던 소, 양, 돼지로 지극한 정성을 뜻한다.

7. 女人은 偏性인저 其或生性이라도 爲其夫者 盡心盡誠하여 拜之
   여인   편성   기혹생성   위기부자 진심진성   배지
   하소서 一拜二拜하며 溫言順辭로 勿加怒氣하면 雖盜跖之惡[3]이라
   　　　 일배이배   온언순사   물가노기   수도척지악
   도 必入於 化育之中이니 如是拜 如是拜하소서
   　 필입어 화육지중   여시배 여시배

여자는 한쪽으로 편벽될 때가 있습니다. 혹 그런 성품이 나오면 남
편된 이가 그를 받아주며 마음과 정성을 다해 나를 낮추고 절을 하
세요. 같이 싸우면 화합이 안되지만, 한 번 절하고 두 번 절하며 따
뜻한 말로 들어주며 성내지 않으면, 아무리 흉악한 사람이라도 반
드시 화할 것입니다. 그러니 이렇게 절하고 또 절하세요.

---

3 盜跖; 중국 춘추시대의 큰 도적. 몹시 악한 사람을 일컬음.

十八. 婦人修道_{부인수도}

1. 問曰「吾道之內에 婦人修道獎勵는 是何故也니이까」
문 왈   오 도 지 내   부 인 수 도 장 려   시 하 고 야

  묻기를 "우리 도 안에서 부인 수도를 장려하는 것은 무슨 이유입니

  까."

2. 神師曰「婦人은 家之主也라 爲飮食 製衣服 育嬰兒 待賓 奉
신 사 왈   부 인   가 지 주 야   위 음 식 제 의 복 육 영 아 대 빈 봉

  祀之役을 婦人이 堪當矣니 主婦 若無誠而 俱食則 天必不感
사 지 역 을 부 인   감 당 의   주 부 약 무 성 이 구 식 즉 천 필 불 감

  應이요 無誠而育兒則 兒必不充實이니 婦人修道는 吾道之大本
응 이 요   무 성 이 육 아 즉 아 필 불 충 실   부 인 수 도   오 도 지 대 본

  也 自此以後로 婦人道通者 多出矣리라 此는 一男九女而比之
야 자 차 이 후   부 인 도 통 자 다 출 의   차   일 남 구 녀 이 비 지

  運也니 過去之時는 婦人壓迫이나 當今此運하여는 婦人道通으로
운 야 니 과 거 지 시 는 부 인 압 박   당 금 차 운 하 여 는 부 인 도 통

  活人者 亦多矣리니 此는 人皆是 母之胞胎中 生長者如也인저」
활 인 자 역 다 의 니 차   인 개 시 모 지 포 태 중 생 장 자 여 야

  선생님 대답하시기를 "부인은 한 집안의 주인입니다. 음식을 만들

  고, 의복을 짓고, 아이를 기르고, 손님을 대접하고, 제사를 받드는

일을 부인이 감당합니다. 주부가 만일 정성 없이 음식을 준비하면 먹는 한울님이 감응치 않아서 탈이 날 것입니다. 만약 정성 없이 아이를 기르면 아이가 충실치 못할 것입니다. 그러므로 생명을 살리고 기르는 부인 수도는 우리 도의 근본입니다.

이제부터 부인 도통이 많이 날 것입니다. 이것은 남자 하나에 여자 아홉이 도통할 운이기 때문입니다. 과거에는 부인을 내리 눌렀지만 지금 이 운을 당해서는 부인 도통으로 사람 살리는 이가 많을 것입니다. 이는 사람이 다 어머니의 포태 속에서 나서 자라는 것과 같습니다."

十九. 向我設位 향아설위 : 제사 때 나를 향해 제사상을 차림

1. 神師 問曰「奉祀之時에 向壁設位 可乎아 向我設位 可乎아」
   신사 문왈 봉사지시 향벽설위 가호 향아설위 가호
   孫秉熙 答曰「向我設位可也인저」
   손병희 답왈 향아설위가야

   선생님 물으시기를 "제사 지낼 때에 벽을 향하여 위[1]를 베푸는 것
   이 옳은가요, 나를 향하여 위를 베푸는 것이 옳은가요." 손병희 대
   답하기를 "나를 향하여 위를 베푸는 것이 옳습니다."

2. 神師曰「然矣라 自此以後로 向我設位 可也인저 然則 奉祀之
   신사왈 연의 자차이후 향아설위 가야 연즉 봉사지
   物 準備時에 或有急遽 拿食則 再備奉祀可乎아 其然奉祀可
   물 준비시 혹유급거 나식즉 재비봉사가호 기연봉사가
   乎아」 孫天民 答曰「其然奉祀可也인저」
   호 손천민 답왈 기연봉사가야

---

1 위는 神位의 줄임말로, 조상의 영이 의지하여 오는 자리를 뜻한다. 예전엔 글로 써 세웠지
   만 요즘은 사진으로 대신하기도 한다. 신위가 있는 방향이 제사상의 방향이니, 나를 향하
   여 위를 베푼다는 것은 나를 향하여 제사상을 차린다는 뜻이다. 향아설위 제사법에서는
   내가 곧 위패가 되므로, 위패를 따로 설치하지 않는다.

선생님 말씀하시기를 "그렇습니다. 이제부터는 나를 향하여 위를 베푸는 것이 옳습니다." 또 묻기를 "그러면 제물을 차릴 때에 혹 급하게 집어 먹었다면, 다시 차려서 제사를 지내는 것이 옳겠습니까 그대로 지내도 옳겠습니까." 손천민이 대답하기를 "그대로 제사를 지내는 것이 옳겠습니다."

3. 神師曰「爾等은 每食告之時에 天主 感應之情을 有時見乎아」
   신 사 왈 이 등   매 식 고 지 시   천 주 감 응 지 정   유 시 견 호
   金演國 答曰「未見也인저」
   김 연 국 답 왈   미 견 야

선생님 말씀하시기를 "그대들은 식고할 때에 한울님 감응하시는 정을 본 적이 있나요." 김연국이 대답하기를 "보지 못하였습니다."

4. 神師曰「然則 天主 不感應之情을 或有見乎아 人皆以侍天主
   신 사 왈 연 즉 천 주 불 감 응 지 정   혹 유 견 호   인 개 이 시 천 주
   之靈氣 生活者也니 人之欲食之念이 卽天主感應之心也요 欲
   지 영 기 생 활 자 야 인 지 욕 식 지 념   즉 천 주 감 응 지 심 야   욕
   食之氣卽 天主感應之氣也요 人之甘食이 是天主感應之情也
   식 지 기 즉 천 주 감 응 지 기 야   인 지 감 식   시 천 주 감 응 지 정 야
   요 人之無欲食之念이 是天主不感應之理也인저 人有侍天主之
     인 지 무 욕 식 지 념   시 천 주 불 감 응 지 리 야   인 유 시 천 주 지
   靈氣則 生者也요 不然則 死者也인저 屍體之口而 奠一匙飯以
   영 기 즉 생 자 야 불 연 즉 사 자 야   시 체 지 구 이 전 일 시 반 이
   待之라도 不能食 一粒之飯이니 此는 天主旣離於 人之體內也인
   대 지   불 능 식 일 립 지 반   차   천 주 기 리 어 인 지 체 내 야

저 故로 不能發 食念食氣也니 此는 天主不能感應之理也인저」
고   불능발 식념식기야   차   천주불능감응지리야

선생님 말씀하시기를 "그러면 한울님께서 감응하시지 않는 정은
혹 본 일이 있나요. 사람은 누구나 모신 한울님의 영기로 사는 것
입니다. 그러므로 사람이 먹고 싶어 하는 생각이 곧 한울님이 감응
하시는 마음이고, 먹고 싶은 기운이 한울님이 감응하시는 기운이
며, 사람이 맛나게 먹는 것이 바로 한울님이 감응하시는 정입니다.
사람이 먹고 싶은 생각이 없으면 이것이 한울님이 감응하시지 않
는 것입니다. 사람이 모신 한울님의 영기가 있으면 산 것이고, 그
렇지 않으면 죽은 것입니다. 죽은 사람 입에 한 숟갈 밥을 드리고
기다려도 밥 한 알도 먹지 못합니다. 이는 한울님이 이미 사람의
몸 안에서 떠난 것입니다. 그러므로 먹을 생각과 먹을 기운을 내지
못합니다. 이것이 한울님이 감응하실 수 없는 이치입니다."

5. 又曰「奉祀之時에 幾代先祖奉祀乎아」金演國 答曰「普通 四
   우왈 봉사지시 기대선조봉사호   김연국 답왈 보통 사
代祖奉祀而 以上則 每年 春秋時享而已니이다」
대조봉사이 이상즉 매년 춘추시향이이

또 말씀하시기를 "제사 지낼 때에 몇 대조까지 제사를 받듭니까."
김연국이 대답하기를 "보통 사대조까지 제사를 받들고 그 이상은

매년 봄과 가을에 시향을 베풀 따름입니다."

6. 又曰「時享은 爲幾代祖乎아」答曰「不過 二十代內外而 以上
   우왈 시향 위기대조호 답왈 불과 이십대내외이 이상
   則不知也니이다」
   즉 부 지 야

또 말씀하시기를 "시향은 몇 대조까지 합니까." 대답하기를 "이십
대 안팎을 지나지 아니하오며 그 이상은 알 수 없습니다."

7. 神師曰「遡及於二十代 或三十代則 必有始祖矣리니 始祖之
   신사왈 소급어이십대 혹삼십대즉 필유시조의 시조지
   靈은 不奉乎아 人皆有父母矣리니 自父母而 遡及於始祖則 始
   령 불봉호 인개유부모의 자부모이 소급어시조즉 시
   祖는 孰能産耶아 自古以來로 天生萬民云하니 始祖之父母는
   조 숙능산야 자고이래 천생만민운 시조지부모
   是天主也니라 是故로 侍天奉天은 卽奉始祖也니 父母奉祀之
   시천주야 시고 시천봉천 즉봉시조야 부모봉사지
   時에 致以極誠而 可當也요 時間은 午正以施爲可也인저」
   시 치이극성이 가당야 시간 오정이시위가야

선생님 말씀하시기를 "이십 대나 삼십 대를 거슬러 올라가면 반드
시 첫 조상이 있을텐데 첫 조상의 영은 받들지 않나요? 사람은 다
부모가 있으니 부모로부터 처음 할아버지까지 거슬러 올라가면
첫 할아버지는 누가 능히 낳았을까요? 예부터 한울이 만백성을 낳

왔다고 말합니다. 그러므로 첫 할아버지의 부모는 한울님이십니다. 그 때문에 한울님을 모시고 한울님을 받드는 것은 곧 첫 할아버지를 받드는 것이 됩니다. 부모의 제사는 한울님께 드리는 것과 같으니 지극한 정성을 다하는 것이 마땅하며, 시간은 한울 생명이 충만한 정오에 베푸는 것이 옳습니다."

8. 任奎鎬 問曰「向我設位之理는 是何故也니이까」神師曰「我之
   임규호 문왈 향아설위지리 시하고야 신사왈 아지
   父母는 自始祖以至於幾萬代하여 繼承血氣而至我也요 又父母
   부모 자시조이지어기만대 계승혈기이지아야 우부모
   之心靈은 自天主 幾萬代繼承而 至我也니 父母之死後 血氣는
   지심령 자천주 기만대계승이 지아야 부모지사후 혈기
   存遺於我也요 心靈與精神도 存遺於我也니라 故로 奉祀設位는
   존유어아야 심령여정신 존유어아야 고 봉사설위
   爲其子孫而本位也니 平時食事樣 設位以後에 致極誠 心告하고
   위기자손이본위야 평시식사양 설위이후 치극성 심고
   父母生存時敎訓과 遺業之情을 思而誓之可也인저」
   부모생존시교훈 유업지정 사이서지가야

임규호 묻기를 "나를 향하여 위를 베푸는 이치는 어떤 것입니까."
선생님 대답하시기를 "나의 부모는 첫 조상으로부터 몇만 대를 이어 혈기를 계승하여 나에게 이른 것입니다. 부모의 심령도 한울님으로부터 몇만 대를 이어 나에게 이른 것입니다. 그러므로 부모가 죽은 뒤에도 혈기는 나에게 남아 있고, 심령과 정신도 나에게 남아 있는 것입니다. 제사를 받들고 위를 베푸는 것은 그 자손을 위하는

것이 근본 뜻입니다. 그러니 부모의 혈기와 심령을 이은 나를 향해 평상시 식사를 하듯이 위를 베풀고 지극한 정성을 다하여 심고하고, 부모가 살아계실 때의 교훈과 남기신 사업의 뜻을 생각하면서 맹세하는 것이 옳습니다."

9. 房時學 問曰「奉祀之時에 拜禮如何乎이까」神師曰「以心爲拜
   방시학 문왈 봉사지시 배례여하호 신사왈 이심위배
可也인저」
가 야

방시학이 묻기를 "제사 지낼 때에 절하는 예는 어떻게 합니까."
선생님 대답하시기를 "마음으로써 절하는 것이 옳습니다."

10. 又問曰「祭需喪服은 如何可也니까」神師曰「萬般陳需 非爲
   우문왈 제수상복 여하가야 신사왈 만반진수 비위
精誠이요 但淸水一器라도 極誠致誠이 可也니라 祭需之時에 莫
정성 단청수일기 극성치성 가야 제수지시 막
論價格之高廉하고 莫論 物品之多寡하라 臨致祭之期하여 勿
론가격지고렴 막론 물품지다과 임치제지기 물
見凶色하고 勿聽淫聲하고 勿發惡言하고 勿爲爭論爭奪하라 若
견흉색 물청음성 물발악언 물위쟁론쟁탈 약
然之則 不致祭而 亦可也니라 不要屈巾祭服하고 以常平服而
연지즉 불치제이 역가야 불요굴건제복 이상평복이
至誠可也니라 父母死後에 着屈巾祭服而 忘其父母之意하고
지성가야 부모사후 착굴건제복이 망기부모지의
出入於 酒色雜技之場則 豈可謂致誠也哉인저」
출입어 주색잡기지장즉 기가위치성야재

또 묻기를 "제물 차리는 것과 상복은 어떻게 하는 것이 옳습니까."

선생님 대답하시기를 "많은 제물을 차리는 것이 정성이 되는 것이 아니고, 다만 청수 한 그릇이라도 지극한 정성을 다하는 것이 옳습니다. 제물을 차릴 때 값이 비싸고 싼 것을 따지지 말고, 물품이 많고 적은 것을 말하지 마세요. 제사 지낼 시기에 임하여 흉한 빛을 보지 말고, 음란한 소리를 듣지 말고, 나쁜 말을 하지 말고, 서로 다투고 물건 빼앗기를 하지 말아야 합니다. 만일 그렇게 하면 차라리 제사를 지내지 않는 것이 옳습니다. 굴건과 제복[2]이 필요치 않고 평상시에 입던 옷이라도 지극한 정성으로 단정히 입는 것이 옳습니다. 부모가 돌아가신 뒤에 굴건을 쓰고 제복을 입었지만, 그 부모의 뜻을 잊어버리고 주색과 잡기판에 드나들면, 어떻게 정성을 다했다고 말할 수 있겠습니까."

11. 趙在壁 問曰「喪期는 如何而可也니까」神師曰「心喪百年
   조재벽 문왈   상기   여하이가야   신사왈   심상백년
이 可也인저 天地父母爲之食告曰 心喪百年이니 人之居生時
   가야   천지부모위지식고왈 심상백년   인지거생시
에 不忘父母之念이 此是 永世不忘也요 天地父母 四字守之가
   불망부모지념   차시 영세불망야   천지부모 사자수지
謂其 萬古事蹟 分明也인저」
   위기 만고사적 분명야

2 굴건은 상주가 쓰는 관. 제복은 상례에 입던 삼베로 만든 옷.

조재벽이 묻기를 "상기는 어떻게 하는 것이 옳습니까."

선생님 대답하시기를 "마음으로 평생 잊지 않는 것이 옳습니다. 천지부모를 위하는 식고가 곧 마음의 백년상입니다. 사람이 살아 있을 때 부모의 가르침을 잊지 않는 것이 영세불망[3]이고, 천지부모 네 글자를 지켜 한울 마음과 하나 되면 오래전부터 있어 온 모든 일을 분명히 아는 지혜가 생깁니다."[4]

---

3 일평생 잊지 않음을 다짐하는 동학 주문의 마지막 구절이다.
4 "글 네 자 밝혀내어 만고사적 소연하다." (『용담유사』, 「흥비가」)

二十. 用時用活 용·시·용·활 : 때에 맞게 사용하고 활용함[1]

1. 대저 道(도)는 用時用活(용시용활)하는 데 있나니 때와 짝하여 나아
가지 못하면 이는 死物(사물)과 다름이 없으리라. 하물며 우리 道
(도)는 五萬年(오만년)의 未來(미래)를 表準(표준)함에 있어, 앞서 때
를 짓고 때를 쓰지 아니하면 안 될 것은 先師(선사)의 가르치신 바
라, 그러므로 내 이 뜻을 後世(후세) 萬代(만대)에 보이기 爲(위)하여
特別(특별)히 내 이름을 고쳐 盟誓(맹세)코자 하노라.

대체로 도를 이루고 이루지 못하고는 때를 어떻게 쓰고 활용하는
가에 달려 있습니다. 때와 짝하여 나아가지 못하면 이는 죽은 물
건과 다름이 없습니다. 하물며 우리 도는 오만년의 미래를 표준
하는 가르침이니, 앞서 때를 짓고 때를 쓰지 않으면 안 됩니다. 이
는 돌아가신 스승님께서 가르치신 바입니다. 그러므로 내 이 뜻

---

1 1895년 10월 28일 정선에서 수운 선생 誕辰享禮式을 행한 후 제자들에게 하신 말씀이다.
   이때 선생의 이름 慶翔을 時亨으로, 姜洙를 時元으로, 劉寅常을 時憲으로, 그 외 동석했던
   10여 인을 時 字를 넣어 개명하게 하셨다. (조기주, 동학의 원류, 115)

을 후세만대에 보이기 위하여 특별히 내 이름을 고쳐 맹세코자 합
니다.

二十一. 三敬_{삼경 : 세 가지 공경}[1]

1. 사람은 첫째로 敬天(경천)을 하지 아니치 못할지니, 이것이 先師(선사)의 創明(창명)하신 道法(도법)이라. 敬天(경천)의 原理(원리)를 모르는 사람은 眞理(진리)를 사랑할 줄 모르는 사람이니, 왜 그러냐 하면 한울은 眞理(진리)의 衷(충)[2]을 잡은 것임으로써이다. 그러나 敬天(경천)은 결단코 虛空(허공)을 向(향)하여 上帝(상제)를 恭敬(공경)한다는 것이 아니요, 내 마음을 恭敬(공경)함이 곧 敬天(경천)의 道(도)를 바르게 아는 길이니, 「吾心不敬(오심불경)이 即(즉) 天地不敬(천지불경)이라」 함은 이를 이름이었다. 사람은 敬天(경천)함으로써 自己(자기)의 永生(영생)을 알게 될 것이요, 敬天(경천)함으로써 人吾同胞(인오동포) 物吾同胞(물오동포)의 全的理諦(전적이체)를 깨달을 것이요, 敬天(경천)함으로써 남을 爲(위)하여 犧牲(희생)하는 마음, 世上(세상)을 爲(위)하여 義務(의무)를 다할 마음이 생길 수 있

---

1 천도교의 실천은 성경신으로 요약된다.(성경신 장 참조)
2 衷 속마음, 정성스러운 마음 충.

나니, 그러므로 敬天(경천)은 모든 眞理(진리)의 中樞(중추)를 把持(파지)함이니라.

사람은 첫째로 한울을 공경하지 않으면 안 됩니다. 이것이 돌아가신 스승님께서 처음 밝히신 도법입니다. 한울을 공경하는 원리를 모르는 사람은 진리를 사랑할 줄 모르는 사람입니다. 왜냐하면 한울은 진리의 중심이기 때문입니다. 그러나 한울을 공경함은 결단코 빈 공중을 향하여 없는 상제를 공경한다는 것이 아니고, 내 마음을 공경하는 것이 곧 한울을 공경하는 도를 바르게 아는 길입니다. "내 마음을 공경치 않는 것이 곧 천지를 공경치 않는 것이라"[3] 함은 이를 말한 것이었습니다. 사람은 한울을 공경함으로써 한울과 하나로서의 자기가 영원한 생명임을 알게 될 것입니다. 한울을 공경함으로써 모든 사람과 만물이 다 나의 동포라는 전체의 진리를 깨달을 것이고, 한울을 공경함으로써 남을 위하여 희생하는 마음과 세상을 위하여 의무를 다할 마음이 생길 수 있습니다. 그러므로 한울을 공경함은 모든 진리의 중심이 되는 부분을 움켜잡는 것입니다.

3 수심정기 장.

2. 둘째는 敬人(경인)이니 敬天(경천)은 敬人(경인)의 行爲(행위)에 의지
하여 事實(사실)로 그 效果(효과)가 나타나는 것이다. 敬天(경천)만
있고 敬人(경인)이 없으면 이는 農事(농사)의 理致(이치)는 알되 實
地(실지)로 種子(종자)를 땅에 뿌리지 않는 行爲(행위)와 같으니, 道
(도) 닦는 자 사람을 섬기되 한울과 같이 한 後(후)에야 처음으로
바르게 道(도)를 實行(실행)하는 者(자)니라. 道家(도가)에 사람이 오
거든 사람이 왔다 이르지 말고 한울님이 降臨(강림)하였다 이르라
하였으니, 사람을 恭敬(공경)치 아니하고 鬼神(귀신)을 恭敬(공경)하
여 무슨 實效(실효)가 있겠느냐. 愚俗(우속)에 鬼神(귀신)을 恭敬(공
경)할 줄은 알되 사람은 賤待(천대)하나니, 이것은 죽은 父母(부모)
의 魂은 恭敬(공경)하되 산 父母(부모)는 賤待(천대)함과 같으니라.
한울이 사람을 떠나 別(별)로 있지 않는지라, 사람을 버리고 한울
을 恭敬(공경)한다는 것은 물을 버리고 解渴(해갈)을 求(구)하는 者
(자)와 같으니라.

둘째는 사람을 공경함이니 한울을 공경함은 사람을 공경하는 행
위에 의지하여 사실로 그 효과가 나타나는 것입니다. 한울만 공경
하고 사람을 공경하지 않으면 이는 농사의 이치는 알지만 실지로
종자를 땅에 뿌리지 않는 행위와 같습니다. 도 닦는 사람이 사람을
섬기되 한울과 같이 한 후에야 처음으로 바르게 도를 실행하는 것

입니다. 그러므로 도인 집에 사람이 오거든 사람이 왔다 이르지 말고 한울님이 강림하셨다 이르라[4] 하였으니, 사람을 공경치 아니하고 죽은 사람의 귀신을 공경하여 무슨 실효가 있겠습니까. 어리석은 풍속에 귀신을 공경할 줄은 알면서 사람은 천대하니, 이것은 죽은 부모의 혼은 공경하되 산 부모는 천대함과 같습니다. 한울이 사람을 떠나 따로 있지 않는지라, 사람을 버리고 한울을 공경한다는 것은 물을 버리고 해갈을 구하는 것과 같습니다.

3. 셋째는 敬物(경물)이니 사람은 사람을 恭敬(공경)함으로써 道德(도덕)의 極致(극치)가 되지 못하고, 나아가 物(물)을 恭敬(공경)함에까지 이르러야 天地氣化(천지기화)의 德(덕)에 合一(합일)될 수 있나니라.

셋째는 물건을 공경함이니 사람은 사람을 공경함으로써 도덕의 최고 경지가 되지 못하고, 나아가 물건을 공경함에까지 이르러야 천지의 기운과 화합하는 덕에 하나될 수 있습니다.

4 대인접물.

二十二. 天語천어 : 한울님 말씀

1. 내 恒常(항상) 말할 때에 天語(천어)를 이야기 하였으나 天語(천어)가
어찌 따로 있으리오. 人語(인어)가 곧 天語(천어)이며 鳥聲(조성)도
亦是(역시) 侍天主(시천주)[1]의 聲(성)이니라. 그러면 天語(천어)와 人
語(인어)의 區別(구별)은 어디서 分別(분별)되는 것이냐 하면, 天語
(천어)는 大槪(대개) 降話(강화)로 나오는 말을 이름인데 降話(강화)
는 사람의 私慾(사욕)과 感情(감정)으로 생기는 것이 아니요, 公理
(공리)와 天心(천심)에서 나오는 것을 가리킴이니, 말이 理(리)에 合
(합)하고 道(도)에 通(통)한다 하면 어느 것이 天語(천어) 아님이 있
겠느냐.

내 항상 말할 때에 한울님 말씀을 이야기 하였으나 한울님 말씀이
어찌 따로 있겠습니까. 사람의 말이 곧 한울님 말씀이며 새소리도
역시 한울님을 모신 생명의 소리입니다. 그러면 한울님 말씀과 사

1 한울님을 모신 생명.

람의 말은 어디서 분별되는 것일까요. 한울님 말씀은 대개 한울님으로부터 내려받아 나오는 말을 이르고 이를 강화라고 합니다. 이는 사람의 사사로운 욕심과 감정으로 생기는 것이 아니요, 공변된 진리와 한울님 마음에서 나오는 것을 가리킵니다. 그러므로 말이 이치에 합하고 도에 통한다 하면 어느 것이 한울님 말씀 아님이 있겠습니까.

二十三. 以心治心(이심치심 : 한울님 마음으로 사람 마음을 다스림)

1. 내 恒常(항상) 天語(천어)와 人語(인어)의 區別(구별)을 말하였거니와,
以心治心(이심치심)도 또한 이 理致(이치)에서 생긴 것이라. 사람의
마음에 어찌 두 가지 뿌리가 있으리오. 다만 마음은 하나이지마는
그 用(용)에 있어 하나는 以心(이심)이 되고 하나는 治心(치심)이 되
나니, 以心(이심)은 天心(천심)이요 治心(치심)은 人心(인심)이니라.
譬(비)컨대 同一(동일)한 火(화)로되 그 用(용)에 依(의)하여 善惡(선
악)이 생기고, 同一(동일)한 水(수)로되 其用(기용)에 依(의)하여 利害
(이해)가 다름과 같이, 同一(동일)한 心(심)이로되 心(심)이 理(리)에
合(합)하여 心和氣和(심화기화)가 되면 天心(천심)을 거느리게 되고,
心(심)이 感情(감정)에 흐르면 狹隘窘迫(협애군박)하여 모든 惡德(악
덕)이 이로 생기는 것이니라. 그러므로 道(도) 닦는 者(자) 以心(이
심)으로써 恒常(항상) 治心(치심)을 抑制(억제)하여 御者(어자)가 勇馬
(용마)를 善御(선어)함과 같이 그 用(용)에 宜(의)하면, 禍轉(화전)하여
福(복)이 되고 災變(재변)하여 祥瑞(상서)가 될 수 있나니라.

내 항상 한울님 말씀과 사람의 말을 구별하는 것을 말하였거니와, 마음으로써 마음을 다스림도 또한 이 이치에서 생긴 것입니다. 사람의 마음에 어찌 두 가지 뿌리가 있을까요. 마음은 하나이지만 그 씀에 있어 하나는 이심이 되고 하나는 치심이 되니, 이심은 한울님 마음이요 치심은 사람의 마음입니다. 비유하건대 같은 불이로되 그 씀에 의하여 선악이 생기고, 같은 물이로되 그 씀에 의하여 이해가 다름과 같습니다. 같은 마음이로되 마음이 이치에 합하여, 마음이 화하고 기운이 화하게 되면 한울님 마음을 거느리게 되지만, 마음이 감정에 흐르면 너그럽지 못하고 좁아 몹시 군색하여 모든 악한 행위가 여기서 생깁니다. 그러므로 도 닦는 사람은 한울님 마음으로써 항상 사람의 욕망을 억제하여, 마치 부리는 사람이 용맹한 말을 잘 거느림과 같이 그 씀이 옳으면, 화가 바뀌어 복이 되고 재앙이 변하여 경사롭고 길하게 될 수 있습니다.

二十四. 以天食天_{이천식천 : 한울로써 한울을 먹는다}

1. 내 恒常(항상) 말할 때에 物物天(물물천)이요 事事天(사사천)이라 하
였나니, 萬若(만약) 이 理致(이치)를 是認(시인)한다면 物物(물물)이
다 以天食天(이천식천) 아님이 없을지니, 以天食天(이천식천)은 어
찌 생각하면 理(리)에 相合(상합)치 않음과 같으나, 그러나 이것은
人心(인심)의 偏見(편견)으로 보는 말이요, 萬一(만일) 한울 全體(전
체)로 본다 하면 한울이 한울 全體(전체)를 키우기 爲(위)하여 同質
(동질)이 된 者(자)는 相互扶助(상호부조)로써 서로 氣化(기화)를 이
루게 하고, 異質(이질)이 된 者(자)는 以天食天(이천식천)으로써 서
로 氣化(기화)를 通(통)하게 하는 것이니, 그러므로 한울은 一面(일
면)에서 同質的 氣化(동질적 기화)로 種屬(종속)을 養(양)케 하고 一
面(일면)에서 異質的 氣化(이질적 기화)로써 種屬(종속)과 種屬(종속)
의 連帶的(연대적) 成長發展(성장발전)을 圖謀(도모)하는 것이니, 總
(총)히 말하면 以天食天(이천식천)은 곧 한울의 氣化作用(기화작용)
으로 볼 수 있는데, 大神師(대신사)께서 侍 字(시 자)를 解義(해의)할
때에 內有神靈(내유신령)이라 함은 한울을 이름이요, 外有氣化(외유

기화)라 함은 以天食天(이천식천)을 말한 것이니 至妙(지묘)한 天地(천지)의 妙法(묘법)이 도무지 氣化(기화)에 있느니라.

내 항상 말할 때에 물건마다 한울이요 일마다 한울이라 하였으니, 만약 이 이치를 옳다고 인정한다면 모든 물건이 다 한울로써 한울을 먹는 것 아님이 없습니다. 한울로써 한울을 먹는 것은 어찌 생각하면 이치에 서로 맞지 않는 것 같으나, 이것은 사람의 마음이 한쪽으로 치우쳐 보는 데서 나오는 말입니다. 만일 한울 전체로 본다면 한울이 한울 전체를 키우기 위하여 같은 바탕이 된 자는 사람들끼리 서로 돕듯이 도와줌으로써 서로 기운이 화함을 이루게 하고, 다른 바탕이 된 자는 사람이 곡식과 고기를 먹듯이 한울로써 한울을 먹는 것으로써 서로 기운이 화함을 통하게 하는 것입니다. 그러므로 한울은 한쪽 편에서 서로 돕는 동질적 기화로 종속을 기르게 하고 다른 한쪽 편에서 한울로써 한울을 먹는 이질적 기화로써 종속과 종속이 서로 연결된 성장 발전을 도모하는 것이니, 합하여 말하면 한울로써 한울을 먹는 것은 곧 거룩한 한울의 기화작용으로 볼 수 있습니다. 대신사께서 모실 시 자의 뜻을 풀어 밝히실 때에 안에 신령이 있다 하신 것은 내게 모신 한울을 이름이고, 밖에 기화가 있다 함은 내 한울로써 밖의 한울을 먹는 것을 말씀한 것입니다.[1] 그러므로 지극히 묘한 천지의 묘법이 오로지 한울을 모시고 한울을 먹음으로써 기운이 화하는 데 있습니다.

---

1 "侍者 內有神靈 外有氣化 一世之人 各知不移者也" 「시」라는 것은 안에 신령이 있고 밖에 기화가 있어 온 세상 사람이 각각 알아서 옮기지 않는 것이요(『동경대전』「논학문」)

二十五. 養天主_{양천주 : 한울님을 기르자}

1. 한울을 養(양)할 줄 아는 者(자)라야 한울을 모실 줄 아나니라. 한울이 내 마음 속에 있음이 마치 種子(종자)의 生命(생명)이 種子(종자) 속에 있음과 같으니, 種子(종자)를 땅에 심어 그 生命(생명)을 養(양)하는 것과 같이 사람의 마음은 道(도)에 依(의)하여 한울을 養(양)하게 되는 것이라. 같은 사람으로도 한울이 있는 것을 알지 못하는 것은 이는 種子(종자)를 물속에 던져 그 生命(생명)을 滅亡(멸망)케 함과 같아서, 그러한 사람에게는 終身(종신)토록 한울을 모르고 살 수 있나니, 오직 한울을 養(양)한 자에게 한울이 있고 養(양)치 않는 者(자)에게는 한울이 없나니, 보지 않느냐, 種子(종자)를 심지 않은 者(자) 누가 穀食(곡식)을 얻는다고 하더냐.

한울을 키울 줄 아는 사람이라야 한울을 모실 줄 아는 것입니다. 한울이 내 마음 속에 있음이 마치 종자의 생명이 종자 속에 있음과 같습니다. 종자를 땅에 심어야 그 생명을 기르게 되는 것과 같이 사람의 마음은 도에 의하여 마음을 닦고 수행해야 내 마음의 한울이 자랍니다. 같은 사람이라도 내 마음에 한울이 있는 것을 알지 못하는 것은 종자를 물 속에 던져 그 생명을 멸망케 함과 같아서, 그러한 사람은 한 평생을 마치도록 한울을 모르고 살 수 있습니다. 오직 한울을 키운 사람에게 한울이 있고, 키우지 않는 사람에게는 한울이 없습니다. 보지 않습니까, 종자를 심지 않는 자 누가 곡식을 얻는다고 합니까.

二十六. 내수도문內修道文 : 집에서 수도하는 사람을 위한 가르침[1]

1. 부모님께 효를 극진히 하오며, 남편을 극진히 공경하오며, 내 자식
과 며느리를 극진히 사랑하오며, 하인을 내 자식과 같이 여기며,
육축(六畜)[2]이라도 다 아끼며, 나무라도 생순을 꺾지 말며, 부모님
분노하시거든 성품을 거슬리지 말며 웃고, 어린 자식 치지 말고 울
리지 마옵소서. 어린아이도 한울님을 모셨으니 아이 치는 것이 곧
한울님을 치는 것이오니, 천리를 모르고 일행 아이를 치면 그 아이
가 곧 죽을 것이니 부디 집안에 큰 소리를 내지 말고 화순하기만
힘쓰옵소서. 이같이 한울님을 공경하고 효성하오면 한울님이 좋
아하시고 복을 주시나니, 부디 한울님을 극진히 공경하옵소서.

2. 가신 물이나 아무 물이나 땅에 부을 때에 멀리 뿌리지 말며, 가래

---

1 1890년 11월 경북 김산군 구성면 복호동 김창준의 집에서 부인들을 위한 내수도문과 내
   칙을 저술했다. 다른 법설이 해월 선생의 말씀을 제자들이 한문으로 옮겨 적은 것이라면
   내수도문과 내칙은 해월 선생이 직접 우리말로 쓰신 것이라, 당시 표기를 그대로 싣는다.
2 집에서 기르는 대표적인 가축. 소, 말, 양, 돼지, 닭, 개.

침을 멀리 뱉지 말며, 코를 멀리 풀지 말며, 침과 코가 땅에 떨어지거든 닦아 없이 하고, 또한 침을 멀리 뱉고, 코를 멀리 풀고, 물을 멀리 뿌리면 곧 천지부모님 얼굴에 뱉는 것이니 부디 그리 아시고 조심하옵소서.

3. 잘 때에 "잡니다" 고하고, 일어날 때에 "일어납니다" 고하고, 물 길러 갈 때에 "물 길러 갑니다" 고하고, 방아 찧으러 갈 때에 "방아 찧으러 갑니다" 고하고, 정하게 다 찧은 후에 "몇 말 몇 되 찧었더니 쌀 몇 말 몇 되 났습니다" 고하고, 쌀 그릇에 넣을 때에 "쌀 몇 말 몇 되 넣습니다" 고하옵소서.[3]

4. 먹던 밥 새 밥에 섞지 말고, 먹던 국 새 국에 섞지 말고, 먹던 침채[4] 새 침채에 섞지 말고, 먹던 반찬 새 반찬에 섞지 말고, 먹던 밥과 국과 침채와 장과 반찬 등절은 따로 두었다가 시장하거든 먹되, 고하지 말고 그저 "먹습니다" 하옵소서.[5]

---

3 이렇듯 구체적 행을 매사에 한울님께 고하는 것을 동학 초기엔 告天이라 했고, 한울님이 내 마음에 모셔져 있으므로 지금은 心告라 한다.
4 沈菜. 절임 채소. 김치도 침채의 한 종류.
5 먹다 남긴 밥은 처음 먹을 때 한울님께 고했으므로 간략히 고하는 것이다.

5. 조석[6]할 때에 새 물에다 쌀 다섯 번 씻어 안치고, 밥해서 풀 때에 국이나 장이나 침채나 한 그릇 놓고 고하옵소서.

6. 금난 그릇에 먹지 말고, 이 빠진 그릇에 먹지 말고, 살생하지 말고, 삼시를 부모님 제사와 같이 받드옵소서.

7. 일가 집이나 남의 집이나 무슨 볼 일 있어 가거든 "무슨 볼 일 있어 갑니다" 고하고, 볼 일 보고 집에 올 때에 "무슨 볼 일 보고 집에 갑니다" 고하고, 일가나 남이나 무엇이든지 줄 때에 "아무것 줍니다" 고하고, 일가나 남이나 무엇이든지 주거든 "아무것 받습니다" 고하옵소서.

8. 이 칠조목을 하나도 잊지 말고 매매사사를 다 한울님께 고하오면, 병과 윤감(輪感)을 아니하고, 악질과 장학(瘴瘧)을 아니하오며, 별복(鱉腹)과 초학(初瘧)을 아니하오며, 간질(癎疾)과 풍병(風病)[7]이라도 다 나으리니, 부디 정성하고 공경하고 믿어 하옵소서. 병도 나

---

6 朝夕. 아침 밥, 저녁 밥.
7 윤감: 돌림감기, 악질: 고치기 힘든 병, 장학: 학질, 별복: 어린이가 배에 멍울이 생기고 추웠다 더웠다 하며 점차 쇠약해지는 병, 초학: 처음 앓는 학질, 간질: 간질병, 풍병: 중추신경계의 이상으로 졸도하거나 하는 병.

으려니와 위선 대도를 속히 통할 것이니, 그리 알고 진심 봉행하옵
소서.[8]

---

8 "일일시시 먹는 음식 성경이자 지켜내어 한울님을 공경하면 자아시 있던 신병 물약자효
아닐런가."(『용담유사』, 「권학가」) 음식은 외유기화 작용의 핵심이다. 음식을 조심하지 않
으면 많은 병이 생기지만 음식을 잘 조절하면 병이 낫는 것은 당연한 이치. 병이 낫고 몸
이 건강해지는 것은 몸의 기가 정상적으로 작용하는 것을 회복한 덕분이다. 이렇게 정성
드리고 몸으로 증험하면 도를 깨닫는 것도 빠를 것이다. 실제 이러한 위생보호에 대한 가
르침 덕분에 조선말 당시 전염병이 돌아 수많은 사람이 목숨을 잃어도 동학을 하는 집과
마을은 전염병의 화를 입지 않았고, 그것은 포덕이 더욱 크게 일어나는 요인이 되었다.

二十七. 내칙 內則 : 새 생명을 위한 수칙[1]

1. 포태하거든 육종(肉種)을 먹지 말며, 해어(海魚)[2]도 먹지 말며, 논의
   우렁도 먹지 말며, 거렁[3]의 가재도 먹지 말며, 고기 냄새도 맡지 말
   며, 무론 아무 고기라도 먹으면 그 고기 기운을 따라 사람이 나면
   모질고 탁하니, 일삭[4]이 되거든 기운 자리에 앉지 말며, 잘 때에 반
   듯이 자고, 모로 눕지 말며, 침채와 채소와 떡이라도 기울게 썰어
   먹지 말며, 울새 터논[5] 데로 다니지 말며, 남의 말 하지 말며, 담 무
   너진 데로 다니지 말며, 지름길로 다니지 말며, 성내지 말며, 무거
   운 것 들지 말며, 무거운 것 이지 말며, 가벼운 것이라도 무거운 듯
   이 들며, 방아 찧을 때에 너무 되게도 찧지 말며, 급하게도 먹지 말
   며, 너무 찬 음식도 먹지 말며, 너무 뜨거운 음식도 먹지 말며, 기

---

1 내칙은 내용상 새 생명을 임신한 부인들을 위한 가르침이다. 그러나 습관된 몸과 마음으로
  살아가는 모든 사람이 한울 사람으로 거듭나기 위해 실행해야 하는 가르침이기도 하다.
2 육종은 육고기, 해어는 물고기.
3 도랑(작은 개천)의 경상도 방언.
4 一朔. 한 달.
5 울타리 사이 트인 곳.

대 앉지 말며, 비껴서지 말며, 남의 눈을 속이지 말라.

2. 이같이 아니 말면 사람이 나서 요사(妖死)도 하고, 횡사(橫死)도 하고, 조사(早死)도 하고,[6] 병신도 되나니, 이 여러 가지 경계하신 말씀을 잊지 말고 이같이 십삭[7]을 공경하고 믿어하고 조심하오면 사람이 나서 체도도 바르고 총명도 하고 지국과[8] 재기(才技)가 옳게 날 것이니, 부디 그리 알고 각별 조심하옵소서.

3. 이대로만 시행하시면 문왕 같은 성인과 공자 같은 성인을 낳을 것이니, 그리 알고 수도를 지성으로 하옵소서.[9]

---

6 妖死는 괴이한 죽음, 橫死는 뜻밖의 재난으로 인한 죽음, 早死는 이른 나이에 죽는 것.
7 十朔. 열 달.
8 體度는 신체적 용모나 태도. 智局은 지혜와 도량.
9 태교가 강조되는 요즘이다. 내유신령과 외유기화가 원활히 소통돼야 건강하듯, 어머니의 기운이 안정되고 편안해야 뱃속의 아기가 편안히 잘 자랄 것은 누구나 알 것이다. 그 구체적 가르침을 상세히 밝혀주셨으니 나머지는 믿고 따르는 자의 몫이다. 임신 전, 부부의 마음과 행이 좋지 않으면 임신 자체가 잘 안 된다. 임신이 되도 배 속에 있는 아기는 엄마가 어떤 마음과 행동을 하고 어떤 것을 먹는가에 따라 좋은 영향이건 나쁜 영향이건 그대로 받아서 태어난다. 또한 엄마에게 영향을 가장 많이 주는 것은 남편이니, 남편이 건강한 유전자를 물려주는 것만큼이나 열 달 동안 산모에게 어떤 마음으로 대하는지가 중요하다. 부부가 화목할 때 가진 아이는 건강하게 잘 자라지만 다투고 갈등할 때 가진 아이는 건강치 못한 경우가 많은 것은 그 때문이다. 태어난 뒤에도 아이는 부모의 사는 모습을 배우며 자란다. 낳은 뒤에도 이와 같이 수도하는 마음으로 기른다면 어찌 성인이 되지 않겠는가?

4. 이 내칙과 내수도하는 법문을 첨상[10]가에 던져두지 말고, 조용하고 한가한 때를 타서 수도하시는 부인에게 외워 드려, 뼈에 새기고 마음에 지니게 하옵소서.

5. 천지조화가 다 이 내칙과 내수도 두 편에 들었으니, 부디 범연히 보지 말고 이대로만 밟아 봉행하옵소서.

10   첨상(添床). 우리나라 좌식생활에서 음식을 받치거나 책을 읽는데 흔히 사용한 소반.

二十八. 十毋天 십무천: 한울님께 하지 말아야 할 열 가지[1]

1. 毋欺天(무기천)하라[2]

   한울님을 속이지 말라.

2. 毋慢天(무만천)하라[3]

   한울님을 거만하게 대하지 말라.

3. 毋傷天(무상천)하라[4]

   한울님을 상하게 하지 말라.

4. 毋亂天(무난천)하라[5]

---

1 한울님은 어디 계시는가? 무형의 허령창창한 한울님이 계시고, 형상이 있는 만물로 화한
  유형한 한울님이 계시다. 이 십무천은 한울님을 모시는 모든 생명을 위한 법문이다.
2 欺 속일 기. 이는 다른 사람 뿐 아니라 자신의 양심을 속이지 않는 것이다.
3 慢 게으를, 거만할 만. 교만은 한울마음을 상하게 하는 지름길이다.
4 傷 상처 상. 자신과 다른 생명을 다치거나 상하게 하는 것은 곧 한울을 상하게 하는 것이다.
5 亂 어지러울 난. 한울의 이치는 간결하고 명확하다. 알아듣기 힘든 논리로 속이려 들거나

한울님을 어지럽게 하지 말라.

5. 毋夭天(무요천)하라[6]

한울님을 일찍 죽게 하지 말라.

6. 毋汚天(무오천)하라[7]

한울님을 더럽히지 말라.

7. 毋餒天(무뇌천)하라[8]

한울님을 주리게 하지 말라.

8. 毋壞天(무괴천)하라[9]

한울님을 허물어지게 하지 말라.

일을 복잡하게 만드는 것은 진리가 아니다.
6 夭 일찍 죽을 요. 생명은 한울이 정한 수명을 누릴 권리가 있다. 다 자라기 전에 그 생명을
  앗는 것은 그 이치를 거스르는 것이다.
7 汚 더러울 오. 더러운 것은 자신의 신념을 저버리고, 불의에 굴복하고, 한울을 속이고 상
  하게 하는 모든 것들이다.
8 餒 주릴 뇌. 먹지 못하면 생명이 유지될 수 없다. 입으로 먹는 것 뿐 아니라 생명의 기화를
  돕는 모든 것이 다 해당된다.
9 壞 무너질 괴. 생명의 존엄함과 바른 신념을 허물게 해선 안 된다.

9. 毋厭天(무염천)하라[10]

한울님을 싫어하게 하지 말라.

10. 毋屈天(무굴천)하라[11]

한울님을 굴하게 하지 말라.

10 厭 싫을 염. 생명의 본성을 거스르는 것은 모두 한울이 싫어하는 것이다.
11 屈 굽힐, 물러날 굴. 한울님은 자유롭다. 그 생명의 몸과 마음을 속박하고 구속하며 한울
   의 자유를 꺾는 것은 한울을 해하는 것이다.

二十九. 臨事實踐十個條임사실천십개조 : 일에 실천해야 할 열 가지[1]

1. 明倫理(명윤리)하라[2]
윤리를 밝히라.

2. 守信義(수신의)하라[3]
신의를 지키라.

3. 勤業務(근업무)하라[4]
업무에 부지런하라.

4. 臨事至公(임사지공)하라[5]
일에 임하여 지극히 공정하라.

---

1 1891년, 호남을 순회한 뒤, 당시 동학 교도들의 수양 정도를 보고 반포한 글.
2 사람들 간에 지켜야 할 기본이 윤리요 예다.
3 믿음이란 옳은 것에 대한 마음이 변하지 않는 것이다.
4 한울의 도는 성실함이다(성경신, 참조).
5 공무는 물론 사적인 일에서도 사익보다 공익을 우선하는 것이 더 큰 이익을 가져온다.

5. 貧窮相恤(빈궁상휼)하라[6]

 빈궁한 사람을 서로 생각하라.

6. 男女嚴別(남녀엄별)하라[7]

 남녀를 엄하게 분별하라.

7. 重禮法(중예법)하라[8]

 예법을 중히 여기라.

8. 正淵源(정연원)하라[9]

 연원을 바르게 하라.

9. 講眞理(강진리)하라[10]

 진리를 익히고 연구하라.

6 모심은 위하는 마음에서 시작한다. 그 마음은 도움이 필요한 사람에게 더 절실하다.
7 남녀의 신체적 차이에 따른 역할 규정과 모성보호같은 것들은 인류 문명사회의 근간이다.
8 예란 그 사람과 사회의 가치관이 표현되는 것이다. 그것이 곧 도의 일상적 실천이 된다.
9 연원이란 도를 전하고 받는 사제의 인연을 뜻한다.
10 세상은 끊임없이 변한다. 주문과 진리를 세상에 적용할 방편은 꾸준히 발전해야 한다.

10. 禁淆雜(금효잡)하라[11]

어지럽고 복잡한 것을 금하라.

---

11 진리는 단순하고 깨끗하다. 자신도 모르는 이야기를 할수록 복잡하고 알아듣기 어렵다.
남을 속이려 할수록 복잡하고 교묘하다.

三十. 明心修德명심수덕 : 마음을 밝히고 덕을 닦으라

1. 日太古兮天皇氏는 我先師自比之意也요 山上有水는 吾教道
   왈 태 고 혜 천 황 씨　　아 선 사 자 비 지 의 야　　산 상 유 수　　오 교 도
   統之淵源也인저 知此玄機眞理然後에 有以知開闢之運無極
   통 지 연 원 야　　지 차 현 기 진 리 연 후　　유 이 지 개 벽 지 운 무 극
   之道矣인저
   지 도 의

   우리 스승께서 스스로 천황씨라 말씀하신 것은 새로운 진리의 세
   상을 여시면서 먼 옛적 처음 문명을 연 천황씨와 비교한 것입니다.
   산 위의 물에서 모든 내와 바다가 시작되듯이 우리 교 도통의 이어
   짐도 마찬가지입니다. 이러한 깊고 미묘한 기틀과 진리를 알아야
   개벽의 운과 무극의 도를 알 수 있을 것입니다.

2. 嗟乎라 樹無無根之樹하고 水無無源之水하니 物猶如是어든 矧
   차 호　　수 무 무 근 지 수　　수 무 무 원 지 수　　물 유 여 시　　신
   玆曠前絶後 五萬年初創之道運乎아 以余不敏으로 荷蒙薰陶
   자 광 전 절 후 오 만 년 초 창 지 도 운 호　　이 여 불 민　　하 몽 훈 도

傳鉢之恩[1]하여 迄今三十有餘年에 備嘗艱險屢經困厄하여 斯
전발지은   흘금삼십유여년   비상간험누경곤액   사
門正脈이 庶幾回漓反淳하고 去駁就粹나 而湖海風霜에 形影夐
문정맥   서기회리반순   거박취수   이호해풍상   형영형
阻하여 或有半途之廢하고 亦多一簣之虧하니 良庸慨然인저 盖
조   혹유반도지폐   역다일궤지휴   양용개연   개
吾道進行之誠否는 唯在於內修道之善否인저 傳에 曰「唯天無
오도진행지성부   유재어내수도지선부   전   왈 유천무
親克敬唯親이라」又曰「刑于寡妻以御于家邦이라」하니 然則
친극경유친   우왈 형우과처이어우가방   연즉
克敬克誠於內修道가 豈非吾道之大關鍵乎아
극경극성어내수도   기비오도지대관건호

나무는 뿌리가 없는 나무가 없고 물은 근원이 없는 물이 없으니,
만물도 오히려 이와 같거든 하물며 이 고금에 없는 오만년 내려갈
초창의 도운이야 두말할 나위 없습니다. 그럼에도 도를 전해주신
스승님 은혜를 잊은 이가 많으니 슬픈 일이 아닐 수 없습니다. 내가
총명하지 못한데도 스승님이 도를 전해주신 은혜를 입었습니다.
그 뒤 삼십여 년 동안 우리는 온갖 어려움과 거듭된 곤란과 재난의
액운을 겪었습니다. 그 과정을 겪으며 이제 우리 도문의 바른 맥이
거의 흐린 물이 맑아져 깨끗해지고 섞인 것을 버리고 순수함에 이
르렀습니다. 하지만 도인들 간 호수와 바다가 막고 바람과 서리가
방해하며 또는 거리가 멀고 막혀서, 혹은 중도에 그만두는 일도 있

---

1 훈도는 덕으로써 가르침을 주는 것을 말하고, 전발은 스승의 가사와 밥그릇을 수제자에게
  전하여 도를 전하던 것에서 비롯된 말.

고 또 한 소쿠리가 부족된 것도 많으니,[2] 진심으로 슬픈 일입니다.
대개 우리 도를 정성스럽게 정진해 가는가 그렇지 못한가는 오직
내수도가 잘하고 못하는 데 달려 있습니다. 옛글에 이르기를 "오직
한울님은 친함이 없는데 극진히 공경하면 친하게 되는 것이니라."[3]
또 이르기를 "부인을 경계하여 집안과 나라를 다스린다"[4]고 하였습
니다. 그러므로 내수도를 지극히 공경하고 정성을 들이는 것이 우
리 도를 수행하는 큰 관건이 되겠습니다.

3. 近日敎徒가 警戒內政을 尙矣勿論하고 修身行使 亦多輕慢怠
   근일교도   경계내정   상의물론   수신행사 역다경만태
   惰하니 職此而 入室姑捨하고 問津無期[5]하니 寧不悚悶가
   타   직차이 입실고사   문진무기   영불송민

그럼에도 요즈음 교도들이 집안일을 경계하는 것은 말할 것도 없

2 "한소쿠리 더했으면 여한없이 이룰 공을…" 『용담유사』, 「흥비가」. 하는 일에 대한 믿음
   이 부족하여 중도에 멈추는 것을 경계하신 말씀이다.
3 서경, 太甲 下편. 이윤이 왕에게 '하늘은 특정한 사람을 친하시지 않고 경건한 사람을 친하
   시며, 백성들은 특정한 사람만을 그리워하는 것이 아니라 어진 이를 그리워하며, 귀신은
   특정한 사람의 제사만 받아들이는 것이 아니라 정성스러운 사람의 제사를 받아들이니 하
   늘이 주신 자리는 지키기 어려운 것'이라고 설명하는 구절.(이기동 역해, 서경강설, 251)
4 "刑于寡妻 至于兄弟 以御于家邦" 자기 처에게 모범을 보여 아우에까지 미치게 함으로써
   가정과 나라까지 다스린다. 詩經, 大雅편.
5 입실은 학문이나 기예의 심오한 뜻을 터득하여 높은 경지에 이르렀다는 의미, 문진은 학
   문의 입구를 알려주길 청한다는 뜻의 관용어이다.

고, 스스로 수련하고 일에 실행하는 것 역시 가볍게 보고 업신여기며 게으른 것이 많습니다. 이런 일이 많아서 도의 깊은 뜻을 깨닫기는 고사하고 도에 입문조차 기약할 수 없으니, 어찌 두렵고 민망할 일이 아니겠습니까.

4. 自非生知者면 必資下學而上達하나니 夫不敎而善上智也요 敎
   자비생지자   필자하학이상달   부불교이선상지야   교
   而後善中智也요 敎亦不善下愚也인저[6]
   이후선중지야   교역불선하우야

나면서부터 아는 이가 아니면 반드시 배워야 통달할 수 있습니다. 가르치지 않아도 착하게 되는 것은 큰 지혜요, 가르친 뒤에 착하게 되는 것은 중간 지혜요, 가르쳐도 착하게 되지 않는 것은 어리석음입니다.

5. 人之智愚不同하고 聖凡雖異나 作之不已면 愚可以爲智요 凡可
   인지지우부동   성범수이   작지불이   우가이위지   범가
   以入聖이니 務須明心修德하여 勿棄老耄之言하고 益勉涵養之
   이입성이니 무수명심수덕   물기노모지언   익면함양지
   心하소서
   심

6 生而知之는 성인, 學而知之는 범인, 困而得之는 어리석은 사람을 뜻한다.

사람의 지혜롭고 어리석음이 같지 않고 성인과 범인이 비록 다르지만, 마음을 굳게 먹고 쉬지 않으면 어리석음이 지혜롭게 될 수 있고 범인이 성인으로 될 수 있습니다. 그러므로 마땅히 마음을 밝히고 덕을 닦는 것을 힘써서, 나같이 늙은 사람의 말이라도 버리지 말고 더욱 함양하는 마음을 힘쓰도록 하세요.

三十一. 修道 수도 : 도를 닦자

1. 李斗璜 問曰「人之修道也 心修爲主나 心修之地에 災苦多矣
   이두황 문왈   인지수도야 심수위주   심수지지   재고다의
   라 故로 不能心修이오니 如何修之라야 可也니이까」
   고   불능심수   여하수지   가야

   이두황이 묻기를 "사람이 도 닦을 때 마음 닦기를 주로 하지만, 마
   음을 닦는 데는 재난과 고통이 많아서 쉽게 마음을 닦을 수 없습니
   다. 어떻게 해야 좋을까요."

2. 神師曰「人之平生을 以苦而思之則 無不苦難之事也요 以樂
   신사왈   인지평생   이고이사지즉 무불고난지사야   이락
   而思之則 無不安樂之事也니 有苦之時에는 反思安樂之地인저
   이사지즉 무불안락지사야   유고지시   반사안락지지
   萬事成就는 在於誠이니 極誠之心은 無不樂也인저」
   만사성취   재어성   극성지심   무불락야

   선생님 대답하시기를 「사람이 평생을 고생이라고 생각하면 괴롭
   고 어려운 일 아닌 것이 없고, 낙으로 생각하면 편안하고 즐거운
   일 아닌 것이 없습니다. 그러므로 고생이 있을 때에는 도리어 안

락한 곳을 생각하세요. 만사를 성취하는 것은 정성에 달려 있으니,
정성을 지극히 하는 마음에는 즐겁지 않은 것이 없습니다.」

3. 羅龍煥 問曰「吾道는 自龍潭淵源而 各派分布頭目之別이니
　　나용환 문왈　오도　자용담연원이 각파분포두목지별
　頭目道通以後라야 在下者 道通乎이까」
　두목도통이후　　재하자 도통호

나용환이 묻기를 "우리 도는 용담 연원으로부터 각파 우두머리 별
로 분포가 되었으니, 우두머리가 먼저 도를 통한 뒤에라야 아래 있
는 자가 도통할 수 있습니까."

4. 神師曰「極誠者 道通矣리니 設使頭目言之라도 未爲至誠者 豈
　　신사왈　극성자 도통의　설사두목언지　　미위지성자 기
　可能道通望之乎아 人皆修道之法을 相傳而布德也나 或有傳
　가능도통망지호　인개수도지법을 상전이포덕야　혹유전
　道者背道라도 受其在下 布德者는 就中에 不無篤信者也니 斯
　도자배도　　수기재하 포덕자는 취중에 불무독신자야　사
　也者는 必由自誠而道通者也인저 眞實者 道通也니 有才有能
　야자는 필유자성이도통자야　진실자 도통야　유재유능
　智者心柱難定故로 心有移覆하여 實難道通矣인저」
　지자심주난정고　심유이복　　실난도통의

선생님 대답하시기를 "지극히 정성을 들이는 사람이 도를 통할 것
이니, 설사 우두머리라고 할지라도 지극한 정성이 없다면 어떻게

도통하기를 바라겠습니까. 누구나 도 닦는 법을 서로 전하면서 포덕을 합니다. 혹 도를 전한 이가 배반하더라도 그 아래에서 포덕을 받은 사람 가운데 독실히 믿는 사람이 있다면, 이런 사람은 반드시 자기의 정성으로 인하여 도를 통할 것입니다. 진실한 사람이 도통합니다. 재주 있고 꾀 있는 사람은 마음이 줏대를 정하기 어려워, 이리저리 옮기고 번복되므로 실로 도통하기 어렵습니다."

三十二. 三災삼재 : 세 가지 재난[1]

1. 南啓天 問曰「三災는 何可以免乎이까」 神師曰「三災中 戰亂
남 계 천 문 왈   삼 재   하 가 이 면 호   신 사 왈   삼 재 중 전 란
謀避之事 最可易也니 敵兵來襲하여 殺害人民之時에 使義氣
모 피 지 사 최 가 이 야   적 병 내 습   살 해 인 민 지 시   사 의 기
男兒로 接近於敵前하여 以充其所欲而工作平和則 可免也요
남 아   접 근 어 적 전   이 충 기 소 욕 이 공 작 평 화 즉   가 면 야
兇年은 始自平年而節用하여 貯藏七年之糧하느니라 天理未有
흉 년   시 자 평 년 이 절 용   저 장 칠 년 지 량   천 리 미 유
七年之兇이라 可爲免凶也니 是는 人人團結而 協力可能也요
칠 년 지 흉   가 위 면 흉 야   시   인 인 단 결 이   협 력 가 능 야
疾病은 人皆守心正氣而 心和氣和則 能可免也인저」
질 병   인 개 수 심 정 기 이   심 화 기 화 즉   능 가 면 야

남계천이 묻기를 "세 가지 재앙은 어떻게 면합니까." 선생님 대답

하시기를 "삼재 가운데 전란은 사람간의 다툼이니 가장 쉽습니다.

적이 습격하여 와서 인명을 살해하려 할 때 의로운 기상을 가진 사

람으로 하여금 적 앞에 나아가 그 의도를 파악하고 평화를 공작하

면 면할 수 있을 것입니다. 흉년은 처음 평년부터 절약하여 칠 년

---

1 삼재란 사람에게 닥치는 세 가지 재해(災害). 병난(兵難) · 역질(疫疾) · 기근(飢饉) 또는 수
재(水災) · 화재(火災) · 풍재(風災).

간의 양식을 저장해 두면 됩니다. 한울의 이치가 아직까지 칠 년 흉년은 없었습니다. 가히 흉년은 면할 것이니, 이것은 사람 사람이 단결하고 협력하면 가능합니다. 질병은 사람이 다 한울 마음을 지키고 기운을 바르게 하여 마음이 평화롭고 기운이 조화로우면 면할 수 있습니다."

三十三. 布德포덕 : 덕을 펴자[1]

1. 李鍾玉 問日「布德之方策은 如何乎이까」神師曰「人皆不無
   이종옥 문왈   포덕지방책   여하호   신사왈   인개불무
   妻男妹夫之間矣리니 爲先妻男妹夫布德可也인저」
   처남매부지간의   위선처남매부포덕가야

   이종옥이 묻기를 "포덕하는 방책은 어떻게 합니까."

   선생님 대답하시기를 "사람은 누구나 처남과 매부처럼 가까운 사람

   이 있을 것이니 먼저 가까운 사람에게 포덕하는 것이 옳습니다."

2. 金洛三 日「全羅道는 有多發 布德之情이나 南啓天이 本是非
   김낙삼 왈   전라도   유다발 포덕지정   남계천   본시비
   土班이요 入道後에 以南啓天便義長之重職하여 統率道衆하니
   토반   입도후   이남계천편의장지중직   통솔도중
   道衆落心者多矣니이다 願撤回 南啓天 便義長 之帖紙를 爲望
   도중낙심자다의   원철회 남계천 편의장 지첩지   위망
   耳니이다」
   이

---

1 포교는 진리를 따르고 배우라는 지식 전달에 가까운 개념이고, 포덕은 모시고 섬기는 덕
  을 함께 실천하는 것, 즉 포덕은 도를 실행하고 은혜로움을 펴 나감을 뜻한다.

김낙삼이 묻기를 "전라도는 포덕이 많이 될 수 있는 정세입니다. 그러나 남계천이 본래 이 지역 양반이 아니었는데 입도한 뒤에 남계천에게 편의장이란 중책으로 도인들을 통솔케 하니 도인들 중에 낙심하는 이가 많습니다. 원컨대 남계천의 편의장 임명을 도로 거두시기 바랍니다."[2]

3. 神師曰「所謂班常之別은 人之所定也요 道之職任은 天主之
   신사왈　소위반상지별　　인지소정야　　도지직임　　천주지

   所使也니 人豈可以 能天定之任 撤回乎아 唯天은 無別班常而
   소사야　인기가이　능천정지임　철회호　유천　무별반상이

   賦其氣寵其福也요 吾道는 輪於新運而使新人으로 更定新制
   부기기총기복야　　오도　윤어신운이사신인　　　갱정신제

   班常也인저 自此以後 吾道之內는 一切勿別班常하소서 我國之
   반상야　자차이후　오도지내　일절물별반상　　아국지

   內 有兩大弊風하니 一則 嫡庶之別이요 次則 班常之別이라 嫡
   내 유양대폐풍　　일즉 적서지별　　차즉 반상지별　　　적

   庶之別은 亡家之本이요 班常之別은 亡國之本이니 此是吾國內
   서지별　망가지본　　반상지별　　망국지본　　차시오국내

   痼疾也인저 吾道는 頭目之下 必有百勝之大頭目이니 諸君愼
   고질야　　오도　두목지하 필유백승지대두목　　제군신

   之러라 相互以敬爲主하여 勿爲層節이러라 此世之人은 皆是天
   지　　상호이경위주　　물위층절　　차세지인　개시천

2 1890년 이후 호남에 엄청난 포덕이 이루어졌다. 1891년 3월에는 늘어난 도세만큼 접조직이 증가하여 이를 원만히 조정하기 위한 편의장제를 만들었다. 부안의 윤상오를 전라우도 편의장, 익산의 남계천을 전라 좌도 편의장에 임명하였는데 이때 윤상오 쪽 도인들이 남계천이 천민 출신이라 하여 알력이 생겼다. 알력이 심해지자 해월 선생은 잘못된 생각을 바로잡고자 남계천을 좌우도 편의장 겸 도접주로 승격시켜 임명하였지만 윤상오를 따르는 도인들이 반발하자 1891년 5월에 직접 호남으로 내려가 이를 바로 잡으신다.

主生之니 以使天民敬之以後라야 可謂太平也인저」
주 생 지　　이 사 천 민 경 지 이 후　　　가 위 태 평 야

선생님 대답하시기를 "소위 양반 상민의 구별은 사람이 정한 바요
도의 직임은 한울님이 시키신 바입니다. 사람이 어찌 한울님께서 정
하신 직임을 도로 걷을 수 있겠습니까. 한울은 양반 상민의 구별 없
이 누구에게나 한울 기운과 복을 주었고, 우리 도는 새 운수를 맞아
새 사람으로 하여금 한울 기운을 잘 모시는가에 따라 다시 새로운
양반 상민을 정한 것입니다. 이제부터 우리 도 안에서는 일절 양반
상민 같은 신분의 구별을 하지 마세요. 우리나라 안에 두 가지 큰 잘
못된 풍습이 있으니 하나는 적자 서자의 구별이요, 다음은 양반 상
민의 구별입니다. 적자와 서자의 구별은 집안을 망치는 근본이요 양
반과 상민의 구별은 나라를 망치는 근본입니다. 이것이 우리나라의
고질입니다. 우리 도는 우두머리 아래 반드시 백 배 나은 큰 우두머
리가 있으니, 그대들은 삼가세요. 서로 공경을 주로 하여 계층을 구
분하거나 차별하지 마세요. 이 세상 사람은 다 한울님이 낳았으니,
모든 사람을 한울 백성으로 공경해야 크게 평화로워집니다."

三十四. 吾道之運 오도지운 : 우리 도의 운수

1. 申澤雨 問曰「因甲午戰亂而 吾道批評怨聲者 多矣니 如何方
   신 택 우 문 왈   인 갑 오 전 란 이 오 도 비 평 원 성 자 다 의   여 하 방
   策으로 能免此怨聲乎이까」神師曰「論擧甲午之事則 不爲人
   책 으로 능 면 차 원 성 호 이까   신 사 왈   논 거 갑 오 지 사 즉 불 위 인
   事요 天命之爲事니 怨人怨天이나 自後는 天示歸和하여 無爲怨
   사요 천 명 지 위 사 니 원 인 원 천 이나 자 후 는 천 시 귀 화 하여 무 위 원
   聲이요 反於贊成이리라 如甲午之時到來而 爲甲午之事則 吾
   성 이요 반 어 찬 성 이리라 여 갑 오 지 시 도 래 이 위 갑 오 지 사 즉 오
   國之事 緣由於此而光輝하여 喚起世界人民之精神也인저」
   국 지 사 연 유 어 차 이 광 휘 하여   환 기 세 계 인 민 지 정 신 야

신택우 묻기를 "갑오년 전란[1]으로 인하여 우리 도를 비평하고 원망
하는 사람이 많습니다. 어떤 방책으로 이 원성을 면할 수 있습니까."
선생님 대답하시기를 "갑오년 일로 말하면 사람의 일이 아니요 천
명으로 된 일입니다. 지금은 사람과 한울을 원망하나 이후에는 한
울과 민심이 돌아와 원성이 없어지고 도리어 찬성할 것입니다. 갑
오년과 같은 나라와 백성이 위태로울 때 갑오년과 같이 목숨 걸고
일어서면, 우리나라 일이 이로 말미암아 빛나게 되어 세계 인민의

---

1 갑오전란은 1894년 갑오동학혁명.

정신을 불러 일으킬 것입니다."

2. 李容九 曰「自甲午以後 我國은 王變於皇名이요 三政丞이 變
   이용구 왈 자갑오이후 아국 왕변어황명 삼정승 변

   於十部大臣之名이요 門戶開放而 通商世界各國하여 文物輸入
   어십부대신지명 문호개방이 통상세계각국 문물수입

   者多矣니 此是對吾道而利害如何乎이까」神師曰「吾道之運은
   자다의 차시대오도이이해여하호 신사왈 오도지운

   與世同歸니 變於國政도 亦由於吾道之運인저 吾道는 亦當此運
   여세동귀 변어국정 역유어오도지운 오도 역당차운

   而一變之後라야 必至大榮矣리라 吾道之名義를 不久 布揚於世
   이일변지후 필지대영의 오도지명의 불구 포양어세

   界하고 首都長安에 大建廣堂하고 誦呪之聲이 沖天하리니 由時曰
   계 수도장안 대건광당 송주지성 충천 유시왈

   顯道也인저 以後에 又有甲午恰似之事하리니 外國兵馬 聚驅於
   현도야 이후 우유갑오흡사지사 외국병마 취구어

   我國彊土內而爭奪矣리라 當此時而善處則 顯道容易나 若不
   아국강토내이쟁탈의 당차시이선처즉 현도용이 약불

   善處則 還是憂患矣리라」
   선처즉 환시우환의

이용구 묻기를 "갑오 이후 우리나라는 왕이 황제란 이름으로, 삼정
승이 십부 대신으로 변하고, 문호를 개방하여 세계 각국과 통상하
여 문화와 물품을 수입하는 것이 많습니다. 이것이 우리 도에 대하
여 이해가 어떠하겠습니까."

선생님 대답하시기를 "우리 도의 운수는 세상과 같이 움직입니다.[2]

---

2 "이 세상운수는 세상과 같이 돌아가는지라…"(『동경대전』, 「논학문」)

나라의 정치가 변하는 것도 우리 도, 즉 한울의 운수가 변하기 때문입니다. 우리 도도 이 운수를 당하여 한번 변한 뒤에라야 반드시 크게 번영할 것입니다. 우리 도의 이름과 주의를 멀지 아니하여 세계에 퍼 날리고, 서울 장안에 크게 교당을 세우고, 주문 외우는 소리가 한울에 사무칠 것입니다. 이 때를 지나야 도가 세상에 드러났다고 할 수 있습니다. 이 뒤에 또 갑오년과 비슷한 일이 있을 것이니 외국 병마가 우리 강토 안에 몰려들어 싸우고 빼앗고 할 것입니다.[3] 이 때를 당하여 잘 대처하면 도가 세상에 드러나기 쉬우나, 만일 잘 대처하지 못하면 도리어 근심을 만날 것입니다."

3. 孫秉熙 曰「遭戰亂則 各國相互間 使兵器而決勝負하리니 當
   손병희 왈   조전란즉 각국상호간 사병기이결승부   당

此時하여 吾道人은 處於兩國交戰之間하여 如何善心으로 得
차시   오도인 처어양국교전지간   여하선심   득

勝乎이까」 神師曰「戰爭은 只爲兵器而得勝者는 未之有也니
승호   신사왈 전쟁 지위병기이득승자 미지유야

라 凌駕兵戰者는 策戰이니 計策至大也니라 西洋之武器는 世
  능가병전자 책전   계책지대야   서양지무기 세

人이 無比對敵者나 武器는 謂之殺人器요 道德은 謂之活人機
인 무비대적자 무기 위지살인기 도덕 위지활인기

니 君等은 當此時하여 修道極誠이 可也니라 大戰爭後에는 必有
  군등 당차시   수도극성 가야   대전쟁후   필유

大平和니 戰爭者는 平和之本也니라 志在東方이요 機在西方이
대평화 전쟁자 평화지본야   지재동방   기재서방

---

3 갑오년 이후 러일전쟁, 한국전쟁.

니라 雲捲西山則 翌日淸明矣니라 人無一人捨朽니 一人一捨면
　　　운권서산즉　익일청명의　　인무일인사후　　일인일사

毁害大事니라 用事에 人皆有特技專能하니 擇定於適材適所則
훼해대사　　　용사　인개유특기전능　　　택정어적재적소즉

無不成功者未之有也인저」
무불성공자미지유야

손병회 묻기를 "전란을 당하면 각국이 서로 병기를 가지고 승부를
가릴 것입니다. 이때 도를 하는 우리는 두 나라가 서로 싸우는 사
이에서 병기가 아닌 어떤 마음이어야 이길 수 있습니까."

선생님 대답하시기를 "전쟁은 다만 병기만 가지고 이기는 것은 없
습니다. 병사로 싸우는 것을 능가하는 것은 계책 싸움이니, 계책이
지극히 큰 것입니다. 서양의 무기는 세상 사람이 견주어 대적할 자
없다고 합니다. 그러나 무기는 사람 죽이는 기계를 말하고, 도덕은
사람 살리는 기틀을 말하는 것이니, 그대들은 이때를 당하여 사람
을 살리기 위해 수도를 지극 정성으로 해야 합니다. 큰 싸움 뒤에는
반드시 큰 평화가 따라오니, 전쟁은 평화의 바탕입니다. 사상은 동
방에 있고 기계는 서방에 있습니다. 구름이 서산에 걷히면 이튿날
이 맑고 밝을 것입니다. 사람은 한 사람이라도 썩었다고 버리면 안
됩니다. 한 사람을 한 번이라도 버리면 큰 일에는 해롭습니다. 큰
일에는 모든 사람의 도움이 있어야 하기 때문입니다. 일을 하는 데
있어 사람은 누구나 특별한 기술과 전문적 능력이 있으니, 적재적
소를 가려 정하면 공을 이루지 못할 것이 없습니다."

三十五. 降書강서 : 내려 받은 글[1]

1. 書에 曰「天降下民하사 作之君作之師하니 唯曰其助上帝라」하
   서 왈 천강하민 작지군작지사 유왈기조상제
   니 君以敎化禮樂으로 以和萬民하고 以法令刑戮으로 以治萬民
   군 이교화예악 이화만민 이법령형륙 이치만민
   하고 師以孝悌忠信으로 以敎後生하고 以仁義禮智로 以成後生
   사 이효제충신 이교후생 이인의예지 이성후생
   하니 皆所以助上帝者也니라 嗟我道人은 敬受此書하소서
   개 소 이 조 상 제 자 야 차 아 도 인 경 수 차 서

서경에 "한울이 백성을 나게 하시고 그 중에서 임금과 스승을 만들
었으니 이는 오직 한울님을 돕게 함이라"[2] 하였습니다. 임금은 가르
침으로 인도하고 예절과 음악으로 모든 백성을 화합하였고 법령과
형벌로는 어긋남을 다스렸습니다. 스승은 부모에게 효도하고 윗 사
람을 공경하며 정성과 믿음으로 뒷 사람을 가르쳤고, 어질고 의로
우며 예의와 지혜로써 삶을 이루게 하였습니다. 이 모두 한울님을
돕는 것입니다. 아! 우리 도인들은 공경히 이 글을 받으세요.

---

1 1884년 10월 4일부터 24일까지 21일 기도를 마치고 지으신 글. 기도 중 깨달은 내용을
   옮겨 적은 것이라, 비유와 압축이 많고 주로 시문으로 표현된다.
2 書는 사서삼경의 하나인 書經. 서경, 周書 泰誓 上 편.

2. 葩經³에 曰「畏天之威하여 于時保之라」하니 此는 敬天也인저
   파 경   왈   외 천 지 위   우 시 보 지   차   경 천 야

시경에 "한울의 위엄을 경외하여 이에 한울이 명한 것을 잊지 않고
길이 보존한다"⁴ 하였으니 이는 한울을 공경하는 것입니다.

3. 鄒聖曰「莫之爲而爲者天也라」하니 此는 信天也인저 正心正身
   추 성 왈   막 지 위 이 위 자 천 야   차   신 천 야   정 심 정 신
   하여 勿獲罪于天하고 盡誠盡忠하여 勿獲罪于上하소서
        물 획 죄 우 천   진 성 진 충   물 획 죄 우 상

맹자 이르기를 "일부러 하지 않아도 자연히 되는 것은 한울이라"⁵
하였으니 이것이 한울을 믿는 것입니다. 그러므로 마음과 몸을 바
르게 하여 한울님께 죄를 얻지 말고, 정성과 공정함을 다하여 한울
님께 죄를 얻지 마세요. 그러면 자연히 이루어질 겁니다.

---

3 파경은 시경의 별칭이다. 韓愈의 '進學解'에 나오는 '詩正而葩'에서 유래한다.
4 詩經, 周頌 편 '我將'. "我將我享 나는 제사 받들어, 維羊維牛 양과 소를 바친다. 維天其右
   之 하늘이여, 도와 주소서. 儀式刑文王之典 문왕의 법도 본받아, 日靖四方 나날이 천하 태
   평하게 하면, 伊嘏文王 거룩하신 문왕께서, 旣右享之 내려와 흠향하신다. 我其夙夜 나는
   밤낮으로, 畏天之威 하늘의 위엄을 경외하여, 于時保之 이에 천명을 길이 보전하리라."
5 "莫之爲而爲者, 天也 莫之致而至者, 命也. 함이 없이 되는 것은 하늘이다. (도달하도록 함
   이) 없는데도 도달하는 것은 명이다" 孟子, 萬章 上.

4. 萬物之生長兮여 其胡然 其胡然가 化翁之收藏兮여 自有時自
   만물지생장혜　기호연 기호연　화옹지수장혜　자유시자
   有時로다
   유시

만물이 나고 자람이여, 어떻게 그러하고 어떻게 그러한가.[6] 조화를
관장하는 한울님이 거두고 저장함이여, 스스로 때가 있고 스스로
때가 있도다.

5. 水之深源兮여 旱亦不斷이요 木之固根兮여 寒亦不死로다
   수지심원혜　한역부단　목지고근혜　한역불사

물의 근원이 깊으니, 가물어도 끊어지지 아니하고, 나무의 뿌리가
굳건하니 추위도 죽지 아니하도다.[7]

---

6 "먼데를 캐어 견주어 생각하면 그렇지 않고 그렇지 않고 또 그렇지 않은 일이요, 조물자에
  부쳐 보면 그렇고 그렇고 또 그러한 이치인저." (『동경대전』, 「불연기연」) 사람이 이해할
  수 있는 것은 기연이고 알기 어려운 것은 불연이다. 그러나 사람이 밝히지 못했을 뿐, 한
  울과 우주의 이치는 늘 그러할 뿐이다.
7 "불휘기픈 남ᄀᆫ ᄇᆞᄅᆞ매 아니 뮐 새 곶 됴코 여름 하ᄂᆞ니
  새미 기픈 므른 ᄀᆞ므래 아니 그츨새 내히 이러 바ᄅᆞ래 가ᄂᆞ니" (용비어천가, 2장)

6. 魍魎之出晝兮[8]여 渠何心 渠何心이며 蟄蟲之處穴兮여 亦有知
   망 량 지 출 주 혜   거 하 심 거 하 심   칩 충 지 처 혈 혜   역 유 지
亦有知로다
역 유 지

도깨비가 낮에 나타남이여, 저 어떤 마음이며 저 어떤 마음인가.

개구리와 벌레가 구멍에 삶이여, 또한 앎이 있고 앎이 있도다.

7. 枯木之逢春兮여 時乎時乎요 佛像之見性兮여 誠乎誠乎로다
   고 목 지 봉 춘 혜   시 호 시 호   불 상 지 견 성 혜   성 호 성 호

말라 죽은 나무가 봄을 맞았다니, 이는 어떤 때인가. 사람이 아닌

불상이 깨달음을 얻었다니, 그는 또한 어떤 정성인가.

8. 知之也 知之也로다 誠心也 奸巧也 駁雜也를 知之也 知之也로
   지 지 야 지 지 야   성 심 야 간 교 야 박 잡 야   지 지 야 지 지 야
다 其在主人하니 可不愼哉아 念茲在茲하여 以助上帝면 甚幸甚
   기 재 주 인   가 불 신 재   염 자 재 자   이 조 상 제   심 행 심
幸이리라
행

8 魍 도깨비 망, 魎 도깨비 량. 도깨비는 불안과 공포, 그리고 허탈감에 떨고 있는 사람들 마
  음의 그림자다.

알고 알았노라, 정성스러운 마음을. 간교함과 뒤섞여 순수하지 못
함도 알고 알았노라. 마음의 주인이 한울님이니 가히 삼가지 아니
하랴. 생각함이 이에 있어 한울님을 도우면 심히 다행하고 다행하
리라.

9. 萬物之造化兮여 無極而無窮이로다 噫라 此世之吾道兮여 有晦
   만 물 지 조 화 혜   무 극 이 무 궁   희   차 세 지 오 도 혜   유 회
而有彰이로다
이 유 창

만물의 조화여, 한이 없고 끝도 없도다. 놀라워라, 이 세상에 나타
난 우리 도여, 어두울 때도 있고 밝을 때도 있도다.

10. 庚申之布德兮여 豈非運 豈非命가 甲子之所當兮여 亦是運 亦
    경 신 지 포 덕 혜   기 비 운 기 비 명   갑 자 지 소 당 혜   역 시 운 역
是命이로다
시 명

경신년[9]에 덕을 펼이어, 어찌 한울의 운이 아니며 어찌 한울의 명

---

9 경신년(1860) 4월 5일은 수운 선생이 득도하신 날이다.

이 아닌가. 갑자년[10]에 당한 일이여, 이 또한 운이요 이 또한 명이
로다.

11. 主人之一心兮여 有初而克終이로다 二字之見指兮여 奈洋人
    주 인 지 일 심 혜   유 초 이 극 종   이 자 지 견 지 혜   내 양 인
   之先行가
   지 선 행

수운 스승님의 한 마음이여, 처음부터 끝까지 한울 마음을 지켰도
다. 천주라는 글자를 보고 서학으로 탄압함이여, 한울의 이치일 뿐
인데 어찌 서양 사람이 먼저 행하였다는 것인가.

12. 大運之將泰兮여 奉新命而開成이로다 嗟呼主人은 敬受此書하
    대 운 지 장 태 혜   봉 신 명 이 개 성   차 호 주 인   경 수 차 서
   라 嗟呼嗟呼라
      차 호 차 호

한울의 큰 운이 앞으로 크게 통할 것이니, 새 세상을 시작하는 명
을 받들어 열고 이루리로다. 아! 새 운과 명을 받을 주인은 공경히
이 글을 받으라. 놀랍고 놀라워라.

10   갑자년(1864) 3월 10일은 수운 선생이 순도하신 날이다.

13. 明者는 暗之變也니 日之明兮人見이요 道之明兮獨知로다
    명 자 암 지 변 야   일 지 명 혜 인 견   도 지 명 혜 독 지

밝은 것은 어두움의 변함이니, 해가 밝은 것은 사람마다 볼 수 있
지만 도가 밝은 것은 나 홀로 아는도다.

14. 德者는 盡誠盡敬하여 行吾之道니 人之所歸는 德之所在니라
    덕 자 진 성 진 경   행 오 지 도   인 지 소 귀   덕 지 소 재

덕이란 것은 정성을 다하고 공경을 다하여 나의 도를 행하는 것이
니, 사람이 돌아오는 곳은 덕이 있는 곳이니라.

15. 命者는 運之配也니 天之命兮 莫致하고 人之命兮 難違로다
    명 자 운 지 배 야   천 지 명 혜 막 치   인 지 명 혜 난 위

명이란 것은 운을 짝한 것이니, 한울의 명은 이루기 어렵고 사람의
명은 어기기 어렵도다.

16. 道者는 保若赤子하고 大慈大悲하여 修煉成道로 一以貫之니라
    도 자 보 약 적 자   대 자 대 비   수 련 성 도 일 이 관 지

도란 것은 갓난아기[11]를 보호하듯이 하고 넓고 끝없이 사랑하고

불쌍히 여기는 마음으로 수련하여 도를 이루는 것 그 하나뿐이니

라.[12]

17. 誠者는 心之主요 事之體니 修心行事에 非誠無成이니라
   성 자   심 지 주   사 지 체   수 심 행 사   비 성 무 성

  정성이란 것은 마음의 주된 것이요 일의 바탕이 되나니, 마음을 닦

  고 일을 행함에 정성이 아니면 이룰 수 없느니라.[13]

18. 敬者는 道之主요 身之用이니 修道行身을 唯敬從事하라
   경 자   도 지 주   신 지 용   수 도 행 신   유 경 종 사

  공경이란 것은 도의 주체요 몸으로 행하는 것이니, 도를 닦고 몸으

---

11 "흐린 기운을 쓸어 버리고 맑은 기운을 어린아기 기르듯 하라." (『동경대전』, 「탄도유심
   급」)

12 논어, 이인편. 子曰 參乎! 吾道 一以貫之. 曾子曰 唯. 子出 門人問曰何謂也? 曾子曰 夫子
   之道 忠恕而已矣(里仁). 공자께서 말씀하시길 "삼아, 내가 말하고 행하는 道에는 언제나
   일관된 원리가 있다"고 하자, 증자가 "예" 하고 대답했다. 공자께서 나가시자 문인이 "무
   슨 말씀이십니까?" 하고 물으매, 증자가 "선생님의 도는 충과 서일 뿐이다."라고 하였다.

13 팔절의 앞 명덕명도는 한울님, 진리의 모습이고 뒤 성경외심은 진리를 닦아 나가는 절차
   와 방법이다.(수도법, 참조)

로 행함에 오직 공경으로 종사하라.

19. 畏者는 人之所戒니 天威神目이 無處不臨이로다
　　외자　인지소계　　천위신목　　무처불림

두려움이란 사람들이 경계하는 것을 이르니, 한울의 위엄과 신의
눈이 이르지 않는 곳이 없도다. 어찌 경계하고 두려워하지 않으랴.

20. 心者는 虛靈之器요 禍福之源이니 公私之間에 得失之道니라(此
　　심자　허령지기　　화복지원　　공사지간　　득실지도　　차
亦降釋八節이니 勿爲泛過하고 益勉踐履修煉이 若何若何오)
역강석팔절　　물위범과　　익면천리수련　약하약하

마음이란 것은 보이지 않는 영의 그릇이요 화와 복의 근원이니, 공
적인 일과 사적인 일 상관없이 얻기도 하고 잃기도 하는 것이 여기
달려 있느니라.(이 또한 팔절을 강화로 해석한 것이니 범연히 지내지 말고
더욱 힘써 수련을 실천 이행하는 것이 어떠하고 어떠할꼬)

21. 哀此世人之無知兮여 顧將鳥獸而論之하리라
　　애차세인지무지혜　　고장조수이논지

슬프다, 이 세상 사람의 앎이 없음이여, 차라리 새와 짐승을 돌아
보아 말하리라.[14]

鷄鳴而夜分兮여 犬吠而人歸로다
계 명 이 야 분 혜　　 견 폐 이 인 귀

닭이 울음에 밤이 나누어짐이여, 개가 짖음에 사람이 돌아오도다.[15]

山猪之爭葛兮여 倉鼠而得所로다
산 저 지 쟁 갈 혜　　 창 서 이 득 소

멧돼지가 칡을 다툼이여, 창고의 쥐가 있을 곳을 얻었도다.[16]

14 이 구절은 1884년(甲申) 10월. 공주 가섭사에서 제자들과 함께 기도하실 때 지은 것으로
   전한다. 이 시문의 내용은 정확히 알기 어려우나 갑신년 다음 해부터 벌어지는 상황을 암
   시하신 것으로 생각된다. 즉 갑신(1884)-乙酉(닭)-丙戌(개)-丁亥(멧돼지)-戊子(쥐)-己丑(소)-
   庚寅(범)-辛卯(토끼)-壬辰(용)-癸巳(뱀)-甲午(말)의 10년은 갑신정변에서 갑오동학혁명으로
   이르는 조선말 최후 격동기였고 이 시기를 지나면서 조선은 뚜렷한 멸망으로 접어든다.
15 중국의 전국시대 제나라 정승인 맹상군을 진나라의 왕이 명성을 흠모하여 진나라로 초
   빙하였다. 이를 시기한 진나라 대신들이 맹상군을 죽이라고 왕을 부추겼다. 이를 눈치챈
   맹상군이 진나라를 빠져나가기 위해, 자신이 진왕에게 바쳐 궁중창고에 보관된 귀중한 여
   우털옷을 문객중 개 짖는 소리를 똑같이 흉내내는 사람이 창고에 접근해 도둑질해 오게
   해서 진왕의 애첩에게 뇌물로 바치고 함양성을 빠져나갈 수 있었다. 진나라의 경계인 함
   곡관에 이르렀을때 아직 날이 어두워 관문이 열리지 않았다. 이번에는 닭 울음 소리를 잘
   내는 문객이 닭 울음 소리를 내니 새벽이 된 줄 안 문지기가 관문을 열어 무사히 진나라를
   탈출하게 되었다고 한다.
16 이 시기 조선은 갑신정변 이후 일본과 청의 본격적인 세력다툼의 장이 되었고, 그에 틈
   타 1885년에 영국 함대가 거문도를 점령하는 등 열강의 침략이 노골화되고 있었다.

齊牛之奔燕兮여 楚虎而臨吳로다
제 우 지 분 연 혜 　 초 호 이 임 오

제나라 소가 연나라로 달아남이여,[17] 초나라 범이 오나라에 오도다.[18]

中山兎之管城兮여 沛澤龍之漢水로다
중 산 토 지 관 성 혜 　 패 택 용 지 한 수

중산 토끼가 성을 차지함이여,[19] 패택 용의 한수로다.[20]

五蛇之無代兮여 九馬而當路로다
오 사 지 무 대 혜 　 구 마 이 당 로

17　전국시대 연나라는 이웃한 제나라를 쳐들어갔다. 제나라가 멸망 직전에 제나라의 남은 성에서 전단이라는 명장이 밤에 수천 마리의 소에 붉은 칠을 하고 뿔에 칼을 매달고 꼬리에 불을 붙여 연나라 진영을 급습하였다. 이 싸움에서 대패한 연나라는 물러가고 제나라가 다시 영토를 회복한다.

18　초나라의 명장 오자서는 간신의 모함으로 아버지와 집안이 화를 입자 오나라로 망명한다. 오나라의 정승이 된 뒤 초나라를 쳐서 복수를 한다.

19　中山兎는 은혜를 저버린 토끼. 당시의 조선은 중산 토끼처럼 용렬한 인사들이 권력(성)을 장악하고 실정을 거듭하였다.

20　패택(沛澤, 풀이 우거진 얕은 못)의 용(辰年)은 패현 출신으로 한나라를 세운 한고조 유방을 지칭한다. 비록 시골의 미천한 신분이었지만 대제국을 일으킨 유방처럼, 조선의 민초들도 새로운 세상을 만들기 위한 큰 일에 나서게 될 것이었다.

다섯 뱀의 다음이 없음이여,[21] 아홉 말이 길에 당면하도다.[22]

22. 蛇之嚙蛙에 自謂莫敵이라 하여 不知蜈蚣之占着이러니 且下蛇
    사 지 교 와   자 위 막 적   부 지 오 공 지 점 착   차 하 사
    已斃에 蜈蚣且驕하여 不知蜘蛛之醢其軀러라 毒者는 必傷於毒
    이 폐   오 공 차 교   부 지 지 주 지 해 기 구   독 자   필 상 어 독
    이니 出乎爾者反乎爾니라 仁干義戈와 禮劍智戟으로 征出西酋
        출 호 이 자 반 호 이   인 간 의 과   예 검 지 극   정 출 서 추
    則 丈夫當前無壯士리라
    즉 장 부 당 전 무 장 사

뱀이 개구리를 씹으며 스스로 생각하기를 '나를 대적할 자 없다' 하
여 지네가 붙는 것을 알지 못하더니, 다음에 뱀이 죽음에 지네가
또 교만하여 거미가 그 몸에 젓 담는 줄을 알지 못하더라. 독한 놈
은 반드시 독한 데 상하나니, 너에게서 난 것이 너에게로 돌아 가
느니라. 어진 방패와 의로운 무기와 예의의 칼과 지혜의 창으로 서
쪽 괴수를 쳐내면 장부 앞에 당해낼 장사가 없으리라.[23]

21 오사(五蛇, 춘추시대 진무공을 용으로 비유하여 그를 따르는 신하 다섯 사람을 뱀으로
    비유한 말)와 같은 후계재(代)가 없음이여. 조선을 구할 충신이 없음인가?
22 아홉 말(九馬, 午年)이 길 한복판에 나서도다. 아홉은 모든 수를 상징한다. 이해에 세상을
    바꾸고자 염원하는 지사들(말)이 안주하던 집을 박차고 나와 봉기하니 이것이 갑오 동학
    혁명이다.
23 『동경대전』, 「검가」. 장부는 진리를 깨달은 사람.

三十六. 降詩강시[1]

1. 守心誠而惑怠 人之變也桑田[2]
수심성이혹태 인지변야상전

정성으로 마음을 지키되 혹 게으르면 사람이 변하는 것이 기름진

밭이 잡초밭이 되듯 하네.[3]

守心敬而泰然 山河實於碧海
수심경이태연 산하실어벽해

공경으로 마음을 지키되 태연히 하면 산과 강이 실로 푸른 바다가

---

1 강시는 기도 중 한울님으로부터 받은 시라는 뜻. 시는 간결하고 응축된 언어로 다중적 표현을 할 수 있다. 특히 깨달음과 같은 종교 체험은 직접 경험해 보지 않으면 말로써 그 감흥을 전달하기 어렵다. 그러므로 예부터 도를 깨닫는 것은 不立文字라고 하였고, 대신 그 감흥을 시로써 많이 남겨 왔다.

2 桑田碧海는 뽕나무 밭이 푸른 바다가 될 정도로 큰 변화를 뜻하는 사자성어로, 다음 구절과 함께 '상전과 벽해'를 대구로 지은 시이다.

3 구미산에 봄이 돌아왔음은 포덕천하된 것을 뜻한다. 포덕천하되니 속세의 뽕밭이 진리의 바다가 된 것이다. 뽕밭과 바다 모두 우리가 사는 곳이다. 깨닫지 못하면 뽕밭에서 사는 것이고, 깨달으면 푸른 바다에서 사는 것이다.

되듯 하네.

龜岳回春[4] 桑田碧海
구 악 회 춘 　 상 전 벽 해

구미산에 봄이 돌아오니 뽕나무 밭이 푸른 바다가 된 듯 하네.

龍傳太陽珠 弓乙回文明
용 전 태 양 주 　 궁 을 회 문 명

용이 태양의 구슬을 전하니 궁을이 문명을 돌이키도다.[5]

運開天地一 道在水一生
운 개 천 지 일 　 도 재 수 일 생

새 세상의 운이 열리니 천지가 하나요, 도가 있으니 물이 모든 생
명의 근원이 되었도다.[6]

4　구악은 수운 선생이 대도를 깨달은 용담정이 있는 구미산.
5　용은 수운 선생, 태양의 구슬(정수)은 선생의 진리를 상징한다. 선생의 진리 즉 궁을은 사
　회를 개벽하는 열쇠.
6　운이란 무극대도가 시작되는 대운이다. 무극대도 이후에는 일체가 한울님 지기로서 하나
　임을 깨닫는 모심과 통합의 문명이 될 것이다. 세상이 있으니 세상을 움직이는 이치, 도가
　있을 것이다. 물이란 모든 생명의 근원이다. "천지는 한 물 덩어리이니라. 한울과 땅이 시
　판되기 전은 북극태음 한 물일 뿐이니라." (천지이기)

水流四海天 花開萬人心
수 류 사 해 천 화 개 만 인 심

물은 네 바다 한울에 흐르고 꽃은 만인의 마음에 피었도다.[7]

2. 太白山工四十九
   태 백 산 공 사 십 구

태백산에서 사십구일 공부를 하고[8]

受我鳳八各主定
수 아 봉 팔 각 주 정

내가 봉황 여덟 마리를 받아 각각 주인을 정하니,[9]

天宜峰上開花天
천 의 봉 상 개 화 천

---

7 물과 꽃은 대도의 진리. "龍潭水流四海源 龜岳春回一世花" (『동경대전』, 「절구」)
8 1872년 10월 16일부터 태백산 갈래사 적조암에서 강수, 전중삼, 김해성 등과 함께 49일 기도를 하신 뒤 감회를 읊은 것이다. (표영삼, 『동학』2, 52-55)
9 봉황은 눈에 띄는 길조. 사람으로 비유하면 세상을 인도하는 인재. 여덟 마리는 조선 팔도, 또는 팔방(모든 방향)을 의미한다.

천의봉[10] 위에 꽃핀 한울이요,

今日琢磨五絃琴[11]
금 일 탁 마 오 현 금

오늘 오현금을 갈고 닦아

寂滅宮殿脫塵世
적 멸 궁 전 탈 진 세

적멸궁전[12]에서 티끌 세상을 벗어난다.

貫觀一氣正心處
관 관 일 기 정 심 처

한 기운을 꿰뚫어 보니 마음을 바르게 한 곳일 뿐.

10 백두대간 줄기가 매봉산 천의봉에서 방향을 틀며 갈라져 서쪽으로는 비단봉·금대봉·
    함백산(1,573m)·태백산(1,567m)으로 이어져 낙남정맥을 이루고 있다. 특히 낙동강은
    매봉산(梅峰山) 천의봉(天衣峯) 너덜샘에서 발원한다.
11 오현금은 다섯 줄로 된 옛 거문고(지금은 여섯줄). 오현금을 갈고 닦는다 함은 수행을 열
    심히 한다는 비유. 적멸 자체가 육신 관념과 습관천의 모든 것을 초탈한 성품 자리-무형천
    을 뜻한다.
12 불상을 모신 건물은 대웅전, 부처의 진신사리를 모신 탑이 있는 경우는 불상이 없는 적
    멸보전이 있다.

3. 不意四月四月來
불 의 사 월 사 월 래

뜻 아니한 사월에 사월이 오니[13]

金士玉士又玉士[14]
금 사 옥 사 우 옥 사

뛰어난 선비들이 모여든다.

今日明日又明日
금 일 명 일 우 명 일

오늘 내일 또 내일

何何知之又何知
하 하 지 지 우 하 지

무엇 무엇을 알고 또 무엇을 알리.

13 1887년 3월에서 4월까지 태백산 갈래사에서 기도하신 뒤 지은 시. 사월은 생명이 시작
　　되는 때이기도 하고 수운 선생이 동학의 진리를 깨달은 달이기도 하다.
14 金士는 가장 뛰어난 선비, 玉士는 버금 뛰어난 선비. "원처근처 어진선비 풍운같이 모아
　　드니 낙중우락 아닐런가." (『용담유사』, 「도수사」)

日去月來新日來
일 거 월 래 신 일 래

날이 가고 달이 오고 새 날이 오니

天地精神令我曉
천 지 정 신 영 아 효

천지정신이 나로 하여금 깨닫게 하도다.

4. 無極大道作心誠
무 극 대 도 작 심 성

무극대도를 마음 먹고 정성 들이니

圓通峰下又通通
원 통 봉 하 우 통 통

원통봉[15] 아래서 또 통하고 통하였노라.

---

15 1887년 1월 1일 새해를 맞아 지은 시. 원통봉은 해월 선생께서 당시 살던 경북 상주 화
령 전성촌 집 뒷산. 원통봉에서 공부하여 지은 시지만, 원통은 온(모든) 진리를 완전히 깨
달았다는 뜻도 된다.

5. 南辰圓滿脫劫灰[16]
남 진 원 만 탈 겁 회

남쪽 별이 둥글게 차고 재가 될 액운을 벗어나니

東海深深萬里清
동 해 심 심 만 리 청

동해[17]가 깊고 깊어 만리에 맑았어라.

千山萬峰一柱綠
천 산 만 봉 일 주 록

모든 산 모든 봉우리는 한 기둥처럼 푸르고

千江萬水一河清
천 강 만 수 일 하 청

모든 강 모든 물줄기는 한 물처럼 맑으니라.

心和氣和一身和
심 화 기 화 일 신 화

---

16 "南辰圓滿北河回 大道如天脫劫灰"(『동경대전』,「우음」)
17 동해는 동학의 진리.

마음이 화하고 기운이 화하니 온몸이 화하고

春回花開萬年春
춘 회 화 개 만 년 춘

봄이 돌아오고 꽃이 피니 영원한 봄이로다.

靑天白日正氣心
청 천 백 일 정 기 심

맑은 하늘 밝은 날에 기운과 마음을 바르게 하니

四海朋友都一身
사 해 붕 우 도 일 신

사해의 벗과 벗이 모두 한 몸이로다.

6. 少來墳典靑春哭[18]
   소 래 분 전 청 춘 곡

젊어서 옛 고전을 읽다가 청춘은 늙었고

18 墳 무덤, 책 분. 책을 뜻할 때는 三皇의 서적 즉 古書를 뜻한다.

老去經綸白馬嘶¹⁹
노 거 경 륜 백 마 시

늙어서 경륜이 사라지니 백마도 우는구나.

時有其時時處處
시 유 기 시 시 처 처

때는 그 때가 있으니 때는 곳곳이라,

山之鳥也爾其知
산 지 조 야 이 기 지

산에 있는 새야 너는 그것을 알지 않느냐.

世俗雖云何聽孤
세 속 수 운 하 청 고

속된 세상에서 비록 진리를 외로이 듣는다 해도

他日能濟池殃魚
타 일 능 제 지 앙 어

19 嘶 울 시. 말이나 짐승이 흐느껴 울다.

다른 날 능히 못 가운데서 죽게 된 고기를 건지리라.

7. 不聞他日不問事
　　불 문 타 일 불 문 사

개벽이 언제 올지 들으려고도 말고 개벽의 일을 묻지도 말라.

非月非日時時來
비 월 비 일 시 시 래

달도 아니요 날도 아닌 그 때에 오는 것이니

8. 非無義理大運中
　　비 무 의 리 대 운 중

옳은 이치는 큰 운수 가운데 없지 않으나

白日無光獨惺眠
백 일 무 광 독 성 면

밝은 날임에도 참된 빛이 없어 홀로 졸음을 깨었노라.

虹橋消息無人到[20]
홍 교 소 식 무 인 도

진리로 가는 무지개다리 소식에도 오는 사람이 없어

回首南天幾望餘
회 수 남 천 기 망 여

머리를 남쪽 하늘로 돌려 얼마나 바라고 바랐던가.

9. 山不利 水不利
산 불 리 수 불 리

산도 이롭지 않고 물도 이롭지 아니하리라.

利在晝夜挽弓之間[21]
이 재 주 야 만 궁 지 간

이로운 것은 밤낮 활을 당기듯 마음을 닦는 사이에 있느니라.

20 虹 무지개 홍. 무지개 다리는 진리로 건너는 길.
21 활을 당긴다는 것은 마음을 닦는 것과 궁을 두 가지를 은유.

三十七. 其他기타

1. 諸君(제군)이여 吾道(오도)에 入(입)하는 者(자) 多(다)하되 道(도)를
   知(지)하는 者(자) 少(소)함을 恨(한)하노라. 道(도)를 知(지)한다 함
   은 곧 自己(자기)가 自己(자기)를 知(지)함이니, 自己(자기)를 知(지)
   코자 아니하고 먼저 他(타)를 知(지)코자 하는 人(인)이야 可憫(가민)
   치 아니하랴. 그러나 人(인)이 어찌 道(도)를 知(지)하고 道(도)에 入
   (입)하는 者(자) 多(다)하리오. 或(혹) 運(운)에 依(의)하여 入(입)하며
   或(혹) 氣(기)에 依(의)하여 入(입)하나니, 入(입)함이 難(난)함이 아
   니라 信(신)함이 難(난)하니라.

   여러분이여, 우리 도에 들어오는 사람은 많으나 도를 아는 사람이
   적음을 한탄합니다. 도를 안다는 것은 곧 자기가 자기를 아는 것이
   니, 자기를 알려 하지 않고 먼저 남을 알고자 하는 사람은 불쌍하지
   않겠습니까. 그러나 도를 알고 들어오는 사람이 많지 않으니, 혹은
   운에 의하여 들어오며 혹은 기세에 의하여 들어오기도 합니다. 들
   어오는 것이 어려운 것이 아니라 믿는 것이 어려운 것입니다.

2. 吾(오) 篤工(독공)할 時(시)에 大雨中(대우중)이라도 衣巾(의건)이 濕(습)치 아니하였으며, 能(능)히 九十里外(구십리외)에 在(재)한 人(인)을 見(견)하였으며, 又(우) 能(능)히 邪氣(사기)를 止(지)하였으며 造化(조화)를 用(용)하였으나, 今(금)은 頓然(돈연)히 絶(절)하였노라. 元來(원래) 此等(차등)은 皆(개) 小事(소사)요 決(결)코 大道(대도)의 正理(정리)가 아니라, 故(고)로 大神師(대신사) 造化(조화)를 用(용)치 아니하심도 또한 이에 原因(원인)한 바니라.

내가 독실히 공부할 때 억수같이 내리는 비 가운데서도 옷과 두건이 젖지 않았고, 능히 구십 리 밖에 있는 사람을 보았으며 또 능히 바르지 못한 기운을 그치는 등 조화를 썼습니다. 그러나 지금은 조금도 돌아보지 않고 끊었습니다. 원래 이것들은 다 작은 일이요 결코 대도의 바른 도리가 아닙니다. 그러므로 대신사께서 조화를 쓰지 아니하심도 또한 이런 이유입니다.

3. 道(도)는 高遠難行(고원난행)한 處(처)에 在(재)한 것이 아니라 日用行事(일용행사)가 다 道(도)아님이 없나니, 天地神明(천지신명)이 物(물)로 더불어 推移(추이)하는지라. 故(고)로 至誠(지성)이면 感天(감천)이니 諸君(제군)은 人(인)이 不知(부지)함을 患(환)치 말고 오직 事(사)에 處(처)하는 道(도) 通(통)치 못함을 患(환)하라.

도는 높고 멀어 행하기 어려운 곳에 있는 것이 아닙니다. 매일 행하는 모든 일이 다 도 아님이 없습니다. 그 속에서 천지신명이 만물과 함께 차차 이루어 나가는 것입니다. 그래서 지성이면 감천이라 합니다. 여러분은 사람들이 알지 못함을 근심하지 말고 오직 일에 처하는 도를 통하지 못함을 근심해야 합니다.

4. 宇宙(우주)는 一氣(일기)의 所使(소사)며 一神(일신)의 所爲(소위)라, 眼前(안전)에 百千萬像(백천만상)이 비록 其形(기형)이 各殊(각수)하나 其理(기리)는 一(일)이니라. 一(일)은 卽(즉) 天(천)이니 天(천)이 物(물)의 組織(조직)에 依(의)하여 表顯(표현)이 各殊(각수)하도다. 同一(동일)의 雨露(우로)에 桃(도)에는 桃實(도실)이 結(결)하고 李(이)에는 李實(이실)이 熟(숙)하나니 是(시) 天(천)이 異(이)함이 아니요, 物(물)의 種類(종류) 異(이)함이로다. 人(인)이 氣(기)를 吸(흡)하고 物(물)을 食(식)함은 是(시) 天(천)으로써 天(천)을 養(양)하는 所以(소이)니라. 무엇이든지 道(도) 아님이 없으며 天(천) 아님이 없는지라, 各各(각각) 順應(순응)이 有(유)하고 調和(조화)가 有(유)하여 宇宙(우주)의 理(리) 此(차)에 順行(순행)하나니, 人(인)이 此(차)를 從(종)하는 者(자)는 是正(시정)이요 此(차)를 逆(역)하는 者(자) 是惡(시악)이니라.

우주는 한 기운이 시키는 바요 한 신이 하는 일이라, 눈앞의 온갖 물건이 형상은 비록 각각 다르나 그 이치는 하나입니다. 하나는 즉 한울이니 한울이 만물의 조직에 의하여 표현이 각각 다른 것입니다. 같은 비와 이슬에 복숭아 나무에는 복숭아 열매를 맺고 오얏 나무에는 오얏 열매가 익으니 이는 한울이 다른 것이 아니요 만물의 종류가 다를 뿐입니다. 사람이 공기를 마시고 만물을 먹는 것은 한울로써 한울을 기르는 것입니다. 무엇이든지 도 아님이 없으며 한울 아님이 없으므로, 만물이 각각 서로 순응하고 화합하여 우주의 이치가 이에 순히 행합니다. 사람이 이를 따르는 것은 이것이 바른 것이요 이를 거스르는 것은 이것이 악입니다.

5. 余(여) 修道(수도)의 時(시)에 天語(천어)를 屢聞(누문)하였으나 今(금)에 思(사)컨대 是(시) 아직 未達一間(미달일간)의 初步(초보)니라. 天語(천어) 人語(인어)의 區別(구별)은 是(시) 正邪(정사)의 兩端(양단) 뿐이니, 正心(정심)으로써 邪心(사심)을 治(치)케 되면 무엇이 天語(천어) 아님이 있으리오.

나는 수도할 때에 한울님 말씀을 여러 번 들었으나 지금 생각해 보면 이것은 아직 도에 이르지 못한 첫걸음일 뿐입니다. 한울님 말씀과 사람 말의 구별은 바른 것과 바르지 않은 것 두 가지뿐입니다.

바른 마음으로 바르지 않은 마음을 다스리면 무엇이 한울님 말씀 아님이 있겠습니까.

6. 經(경)에 曰(왈) 「內(내)로 降話(강화)의 敎(교) 有(유)하다」하였나니, 降話(강화)는 卽(즉) 心靈(심령)의 敎(교)니라. 人(인)이 誰(수) 降話(강화)의 敎(교) 無(무)하리오마는 五官(오관)[1]의 慾(욕)이 慧竇(혜두)를 蔽(폐)하였는지라, 心(심)이 一朝(일조)에 豁然貫通(활연관통)하면 心靈(심령)의 敎(교)를 歷歷(역력)히 聞(문)하나니라. 然(연)이나 降話(강화)도 아직 未達一間(미달일간)이니라. 人(인)의 一語一黙(일어일묵)과 一動一靜(일동일정)이 皆是其規(개시기규)에 越(월)치 아니하여 降話(강화)의 敎(교)와 如(여)한 然後(연후)에야 可(가)히 達(달)하였다 할지니, 故(고)로 大神師(대신사) 末年(말년)에는 降話(강화)의 敎(교) 無(무)하셨나니, 思(사)컨대 人(인)의 言語動靜(언어동정)이 元來(원래) 是(시) 心靈(심령)의 機發(기발)이라, 心(심)이 正(정)하면 무엇이 降話(강화)의 敎(교) 아니리오.

경전에 말씀하시기를 "안으로 한울님 말씀의 가르침이 있다"[2] 하였

---

1 오관; 눈, 귀, 코, 혀, 몸(촉각)의 다섯 가지 감각.
2 『동경대전』, 「논학문」.

으니 그 말씀은 즉 심령의 가르침입니다. 누구나 그런 한울님의 가르침이 있지만 몸의 감각을 따르는 욕심이 가르침을 듣는 슬기구멍을 가린 것입니다. 마음이 욕심과 감각을 넘어 하루 아침에 도를 환히 깨달으면 심령의 가르침을 분명하게 들을 수 있습니다. 그러나 그 가르침을 듣는 것도 아직 도에 달하지 못한 초보입니다. 사람이 말하고 침묵하고 움직이고 머무는 것이 다 한울의 법을 범하지 않아서 심령의 가르침과 같아진 뒤에야 도에 이르렀다 할 수 있을 것입니다. 그러므로 대신사의 말년에는 한울님 말씀의 가르침이 없으셨습니다. 생각건대 사람의 말과 행동이 원래 심령의 기틀에서 일어나는 것이니, 마음이 바르면 무엇이 한울님 말씀의 가르침이 아니리오.

7. 大神師(대신사) 恒言(항언)하시되 此世(차세)는 堯舜孔孟(요순공맹)의 德(덕)이라도 不足言(부족언)이라 하셨으니 이는 現時(현시)가 後天開闢(후천개벽)임을 이름이라. 先天(선천)은 物質開闢(물질개벽)이요 後天(후천)은 人心開闢(인심개벽)이니, 將來(장래) 物質發明(물질발명)이 其極(기극)에 達(달)하고 萬般(만반)의 事爲(사위) 空前(공전)한 發達(발달)을 遂(수)할지니, 是時(시시)에 在(재)하여 道心(도심)은 더욱 微(미)하고 人心(인심)은 더욱 危(위)할지며, 더구나 人心(인심)을 引導(인도)하는 先天道德(선천도덕)이 時(시)에 順應(순응)치 못할지

라. 故(고)로 天(천)의 神化中(신화중)에 一大開闢(일대개벽)의 運(운)이 回復(회복)되었나니, 故(고)로 吾道(오도)의 布德天下(포덕천하) 廣濟蒼生(광제창생)은 天(천)의 命(명)하신 바니라.

대신사께서 늘 말씀하시기를 이 세상은 요순 같은 성인, 공자와 맹자 같은 성현의 덕이라도 바로잡기가 부족하리라 하셨습니다. 이는 지금 이때가 약간의 수선이 아닌 근본 변화가 일어나는 후천개벽의 시간이기 때문입니다. 옛 세상은 물질이 개벽되지만 새 세상은 인심이 개벽됩니다. 앞으로 물질 발명이 그 극에 달하고 여러가지 하는 일이 전례없이 발달을 이룰 것입니다. 이때에 물질로 무엇이든 할 수 있다며 도의 마음은 더욱 쇠약해지고 인심은 더욱 위태할 것입니다. 더구나 인심을 인도하는 옛 세상의 도덕이 변한 세상을 인도하지 못할 것입니다. 그러므로 한울의 신령한 변화 중에 일대 개벽의 운이 돌아와, 새 세상을 여는 우리 도가 덕을 천하에 펴고 널리 창생을 구함은 한울이 명하신 것입니다.

8. 天(천)은 萬物(만물)을 造(조)하시고 萬物(만물)의 內(내)에 居(거)하시나니, 故(고)로 萬物(만물)의 精(정)은 天(천)이니라. 萬物中(만물중) 最靈(최령)한 者(자) 人(인)이니, 故(고)로 人(인)은 萬物(만물)의 主(주)니라. 人(인)은 生(생)함으로만 人(인)이 되지 못하고 五穀百果

(오곡백과)의 滋養(자양)을 受(수)하여 活(활)하는 것이라. 五穀(오곡)은 天地(천지)의 腴(유)니 人(인)이 此天地(차천지)의 腴(유)를 食(식)하고 靈力(영력)을 發揮(발휘)케 하는 것이라. 故(고)로 天(천)은 人(인)에 依(의)하고 人(인)은 食(식)에 依(의)하니, 此(차) 以天食天(이천식천)의 下(하)에 立(입)한 吾人(오인)은 心告(심고)로써 天地萬物(천지만물)의 融和相通(융화상통)을 得(득)함이 어찌 可(가)치 아니하랴.

한울은 만물을 지으시고 만물 안에 사시니, 그러므로 만물의 정기는 한울입니다. 만물 중 가장 신령한 것은 사람이니 그러므로 사람은 만물의 주장입니다. 사람은 태어나는 것으로만 사람이 되지 못하고 온갖 곡식과 과일의 영양을 받아야 살 수 있습니다. 곡식은 천지의 젖이니 사람이 이 천지의 젖을 먹고 영의 힘을 발휘하게 되는 것입니다. 그러므로 한울은 사람에 의지하고 사람은 먹는 데 의지합니다. 이 한울로써 한울을 먹는 원리에 따라 사는 우리 사람은 심고로써 천지만물과 서로 화합하고 통함을 얻는 것이 옳습니다.

9. 吾道(오도)는 博而約(박이약)하고 精而一(정이일)로써 主(주)를 삼나니, 博約精一(박약정일)은 誠敬信(성경신)이 아니면 能(능)치 못하리라. 信(신)이 有(유)한 然後(연후)에 能(능)히 誠(성)하고 誠(성)이 有(유)한 然後(연후)에 能(능)히 通(통)하는지라, 故(고)로 在誠在人(재

성재인)이라 함은 一則(일즉) 誠(성)에 在(재)하고 一則(일즉) 信(신)
하는 人(인)에뿐 在(재)한다 함이니라.

우리 도는 넓으면서 간략하고, 마음을 자세히 하되 한결같이 하는
것이 주가 됩니다. 넓으나 간략하고 자세하되 한결같음은 정성·
공경·믿음이 아니면 할 수 없습니다.[3] 믿음이 있어야 정성 들일
수 있고 정성이 있어야 만사를 통할 수 있습니다. 그러므로 정성에
있고 사람에 있다 함은[4] 하나는 정성에 있고 하나는 믿는 사람에게
있다는 뜻입니다.

10. 諸君(제군)은 侍(시) 字(자)의 義(의)를 如何(여하)히 解釋(해석)하는
가. 人(인)이 胞胎(포태)의 時(시)에 此時(차시)를 卽(즉) 侍字(시자)의
義(의)로 解(해)함이 可(가)하랴, 落之以後(낙지이후)에 처음으로 侍
字(시자)의 義(의)가 生(생)할까, 又(우) 大神師(대신사) 布德降靈(포
덕강령)의 日(일)에 侍字(시자)의 義(의)가 生(생)하였을까, 諸君(제군)
은 此義(차의)를 硏究(연구)하여 보라.[5]

---

3 "우리 도는 넓고도 간략하니…별로 다른 도리가 없고 성. 경. 신 석자니라." (『동경대전』,
  「좌잠」)
4 "도성덕립이 되는 것은 정성에 있고 사람에 달렸느니라." (『동경대전』, 「수덕문」)
5 1878년 7월 25일, 정선 유시헌의 집에서 개접하여 교인들을 가르칠 때 하신 말씀이다.

여러분은 모실 시 자의 뜻을 어떻게 해석합니까. 사람의 생명이 잉태되는 때를 곧 모실 시 자의 뜻으로 해석하는 것이 옳을까요, 세상에 태어난 이후에 처음으로 모실 시 자의 뜻이 생기는 것일까요, 또 대신사 뜻을 받아 강령의 날에 모실 시 자의 뜻이 생겼을까요, 여러분은 이 뜻을 연구하여 보세요.

11. 大神師(대신사)의 呪文(주문) 十三字(십삼자)는 卽(즉) 天地萬物(천지만물) 化生(화생)의 根本(근본)을 發明(발명)한 것이요, 守心正氣(수심정기) 四字(사자)는 更(갱)히 天地隕絶(천지운절)의 氣(기)를 補(보)한 것이며, 無爲而化(무위이화)는 人與萬物(인여만물)의 順道順理(순도순리)의 法諦(법체)라. 故(고)로 道(도)는 別(별)로 高遠(고원)한 處(처)에 在(재)한 것이 아니라, 汝(여)의 身(신)에 在(재)하며 汝(여)의 世界(세계)에 在(재)하니라. 十三字(십삼자)로써 萬物化生(만물화생)의 根本(근본)을 知(지)하고 無爲而化(무위이화)로써 人與萬物(인여만물)의 順理順道(순리순도)를 知(지)한 後(후)에, 守心正氣(수심정기)로써 天地泰和(천지태화)의 元氣(원기)를 復(복)하면 能(능)히 庶幾(서기)인저.

대신사의 주문 열세 자[6]는 즉 천지만물이 생겨 나온 근본을 새로 밝힌 것입니다. 수심정기 네 글자는 사는 동안 떨어지고 끊어진 천지와의 기운을 다시 연결하는 것입니다.[7] 무위이화는 사람이 만물과 함께 천도천리에 순응하는 우주만유의 참된 모습입니다.[8] 그러므로 도는 따로 높고 먼 곳에 있는 것이 아니라 그대의 몸에 있으며 그대의 세계에 있습니다. 열세 자로써 만물화생의 근본을 알고 무위이화로써 사람이 만물과 더불어 천리와 천도에 순응함을 안 후에 수심정기로써 천지와 함께 크게 화하는 원기를 회복하면 도에 가까워질 수 있습니다.

12. 天皇氏(천황씨)[9]는 元來(원래) 天人合一(천인합일)의 名辭(명사)라, 故(고)로 天皇氏(천황씨)는 先天開闢(선천개벽)— 有人(유인)의 始神(시신)의 機能(기능)으로 人(인)의 原理(원리)를 包含(포함)한 義(의)가 有(유)하니, 萬物(만물)이 皆(개) 天皇氏(천황씨)의 一氣(일기)라. 今日(금일) 大神師(대신사) 天皇氏(천황씨)로써 自處(자처)하심은 大神

---

6 '시천주 조화정 영세불망 만사지' 13자의 본 주문. (『동경대전』) 만물에 내재한 내유신령은 밖의 외유기화와 기화 소통이 잘되야 온전한 생명이 유지되고 모든 일이 자연스럽게 이루어질 수 있다.
7 수심정기.
8 무위이화는 사람의 욕심과 작위로써 이루는 것이 아닌 순리를 따라 이루어짐을 뜻한다.
9 천황씨는 처음 문명을 연 성인.

師(대신사) 亦是(역시) 神(신)이신 人(인)이시니 後天五萬年(후천오만년)에 此理(차리)를 傳(전)케 함이니라.

천황씨는 원래 한울과 사람이 하나된 이름입니다. 그러므로 천황씨라는 이름은 옛 세상의 개벽으로 사람을 사람답게 한 첫 신의 기능을 뜻합니다. 천황씨는 한울과 사람이 하나인 원리를 포함하고 있으니, 만물이 다 천황씨의 한 기운입니다. 오늘 대신사께서 천황씨로써 자처하심은 대신사 역시 신이신 사람이시니 새 세상 오만년에 이르도록 이 이치를 전하기 위함입니다.

13. 個人各個(개인각개)가 能(능)히 神人合一(신인합일)이 自我(자아)됨을 覺(각)하면 이는 곧 侍(시) 字(자)의 本(본)이며, 侍(시)의 根本(근본)을 知(지)하면 能(능)히 定(정)의 根本(근본)을 知(지)할 것이요, 終(종)에 知(지)의 根本(근본)을 知(지)할 것이니, 知(지)는 卽通(즉통)이므로 萬事無爲(만사무위)의 中(중)에서 化(화)하나니, 無爲(무위)는 卽(즉) 順理順道(순리순도)를 이름이니라.

개인 각자가 능히 신과 인간이 하나된 존재가 본연의 자기임을 깨달으면 이것이 곧 모실 시 자의 근본 뜻입니다. 모실 시의 근본을 알면 모심을 잊지 않고 지키는 정할 정의 근본을 알 것이요, 마침

내 지혜가 열려 알 지의 근본을 알게 됩니다. '앎'은 즉 막히지 않고 통하는 것이므로 모든 일이 함이 없는 가운데 자연히 화합니다. 억지로 하지 않음은 즉 천리와 천도에 따르는 것입니다.

14. 吾道(오도)에 符(부)를 試(시)하여 病(병)을 療(요)함은 是(시)— 卽(즉) 靈(영)의 所使(소사)이니, 天(천)이 能(능)히 病(병)을 生(생)케하는 理(리) 有(유)하고 病(병)을 差(차)케 하는 理(리) 없으리오. 全一(전일)한 誠信(성신)으로써 先(선)히 心(심)을 和(화)케 하고 又(우) 氣(기)를 和(화)케 하면 自然(자연)의 感化(감화)로 百體順化(백체순화)하나니, 萬病(만병)의 勿藥自效(물약자효) 무엇이 神異(신이)할 바리오. 其實(기실)을 求(구)하면 天(천)의 造化(조화)가 오직 自心(자심)에 在(재)하니라.

우리 도에 영부를 사용하여 병을 고치는 것은 한울 성령이 하는 일입니다. 한울이 병을 생기게 하는 이치가 있으면 병을 낮게 하는 이치가 왜 없겠습니까. 온전하고 한결같은 정성과 믿음으로 먼저 마음을 평화롭게 하고 또한 기운을 조화롭게 하면 자연의 감화로 온몸이 순히 화합니다. 그러면 모든 병이 약을 쓰지 않고도 저절로 낫는 것이 무엇이 신기하고 이상할까요.[10] 그 실상을 찾으면 한울의 조화가 오직 자기 마음에 있을 뿐입니다.

15. 人(인)이 蒼穹(창궁)을 仰(앙)하고 天(천)을 此(차)에 拜(배)하나니, 是(시) 天(천)의 尊(존)함만 聞(문)하고 天(천)이 天(천)된 所以(소이)를 不知(부지)함이로다. 我(아)의 屈伸動靜(굴신동정)이 是(시) 鬼神(귀신)이며 造化(조화)며 理氣(이기)니, 故(고)로 人(인)은 天(천)의 靈(영)이며 精(정)이요 天(천)은 萬物(만물)의 精(정)이니, 萬物(만물)을 順(순)함은 是(시) 天道(천도)이며 天道(천도)를 體用(체용)함은 是(시) 人道(인도)니, 天道(천도) 人道(인도) 其間(기간)에 一髮(일발)을 不容(불용)할 者(자)니라.

사람이 푸른 하늘을 우러러 믿고 한울을 여기에 있다고 절을 하니 이는 한울의 높은 것만 듣고 한울이 한울된 까닭을 알지 못함입니다.[11] 나의 구부리고 펴고 움직이고 머무는 모든 것이 바로 한울이

---

10 "성경이자 지켜내어 한울님을 공경하면 자아시 있던 신병 물약자효 아닐런가." (『용담유사』, 「권학가」); "마음으로써 마음을 상하게 하면 마음으로써 병을 나게 하는 것이요, 마음으로써 마음을 다스리면 마음으로써 병을 낫게 하는 것이라." (「영부주문」)

11 "푸르고 푸르게 위에 있어 일월성신이 걸려 있는 곳을 사람이 다 한울이라 하지마는 나는 홀로 한울이라고 하지 않노라." (「천지인 귀신 음양」)

구부리고 펴는 것이고 한울의 조화며 이치 기운입니다.[12] 그러므로 사람은 한울의 영이며 정기요, 한울은 만물의 정기니 만물을 순응하는 것이 바로 천도입니다. 천도를 몸으로 하여 삶에 실천하는 것은 바로 사람의 도입니다. 그러므로 천도와 인도는 그 사이에 한 가닥의 머리털도 용납하지 않을 하나입니다.

16. 我(아)의 一氣(일기) 天地宇宙(천지우주)의 元氣(원기)와 一脈相通(일맥상통)이며, 我(아)의 一心(일심)이 造化鬼神(조화귀신)의 所使(소사)와 一家活用(일가활용)이니, 故(고)로 天卽我(천즉아)이며 我卽天(아즉천)이라. 故(고)로 氣(기)를 暴(폭)함은 天(천)을 暴(폭)함이요, 心(심)을 亂(난)함은 天(천)을 亂(난)케 함이니라. 吾師(오사) 天地宇宙(천지우주)의 絶對元氣(절대원기)와 絶對性靈(절대성령)을 體應(체응)하여 萬事萬理(만사만리)의 根本(근본)을 刱明(창명)하시니, 是乃 天道(시내천도)며 天道(천도)는 儒佛仙(유불선)의 本原(본원)이니라.

나의 모든 기운은 천지우주의 근본 기운과 한 줄기로 서로 통했으며, 나의 모든 마음은 한울의 조화 귀신이 시키는 것과 똑같은 활용입니다. 그러므로 한울이 곧 나이며 내가 곧 한울입니다. 그러므

12 천지인 귀신 음양.

로 내 기운을 사납게 하는 것은 한울을 사납게 함이요, 내 마음을 어지럽게 하는 것은 한울을 어지럽게 함입니다. 우리 스승님께서 천지 우주의 절대원기와 절대성령을 몸에 받아서 모든 일과 모든 이치의 근본을 처음으로 밝히셨습니다. 이것이 곧 천도이며 천도는 유·불·선의 본원입니다.

17. 余(여) 夢寐(몽매)의 間(간)인들 어찌 先生(선생)의 遺訓(유훈)을 忘却(망각)하리오. 先生(선생)이 人乃天(인내천)의 本義(본의)를 說(설)하시되 曰(왈) 事人如天(사인여천)하라 하셨나니라.

내가 잠자고 꿈꾸는 사이인들 어찌 스승님이 남기신 가르침을 잊을까요. 선생께서 인내천의 참뜻을 말씀하시되 사람을 한울같이 섬기라 하셨습니다.

18. 大(대)하다, 天道(천도)의 靈妙(영묘) 事(사)에 涉(섭)치 아니함이 없으며 物(물)에 有(유)치 아니함이 없나니, 萬像(만상)이 다 天道(천도)의 表顯(표현)이니라. 今(금)에 愚俗(우속)이 山(산)에 祈(기)하며 水(수)에 禱(도)하여 福(복)을 祝(축)하는 者(자) 또한 異驗(이험)이 없지 아니하나니, 是(시) 天地(천지)의 靈妙(영묘) 何處(하처)에든지 照臨(조림)치 아니한 바 無(무)하니라. 然(연)이나 彼(피) 淫祀(음사)를

爲(위)하는 者(자) 禍(화)를 免(면)하고 福(복)을 受(수)코자 함은 誤
解(오해)니, 禍(화)와 福(복)은 決(결)코 彼(피)에서 來(래)하는 者(자)
아니요, 全(전)혀 自心(자심)의 所造(소조)니라. 禍福(화복)이 心(심)
으로부터 生(생)하고 心(심)으로부터 滅(멸)하나니, 是(시) 天主(천
주)의 權能(권능)이니라.

크도다, 천도의 영험하고 오묘함이여. 일에 간섭치 않음이 없으며
만물에 없는 곳이 없으니 모든 형상이 다 천도의 표현입니다. 지금
어리석은 풍속에 산에 빌며 물에 빌어 복을 비는 사람도 기이한 증
험이 없지 않지만, 이것은 천지의 영험이 어느 곳에든지 비추기 때
문입니다. 그러나 저 잡신을 위하는 자가 화를 면하고 복을 받고자
기도하는 것은 잘못 아는 것이니, 화와 복은 결코 밖에서 오는 것이
아니요, 전혀 자기 마음이 짓는 것입니다. 화와 복은 마음에서 생
기고 마음으로부터 멸하니 이는 한울님의 권능입니다.

19. 天運(천운)이 循環(순환)하여 五萬年(오만년)의 大道(대도) 刱明(창
명)된지라. 世魔(세마)의 降盡(항진)은 三七字(삼칠자)의 靈呪(영주)
를 信(신)함에 在(재)하려니와, 時(시)를 隨(수)하여 隱(은)하고 運
(운)을 應(응)하여 出(출)함은 是(시) 大道(대도)의 活用(활용)이니라.
道(도)를 그릇 닦지 말라. 오직 誠敬信(성경신)을 遵(준)하여 나아갈

것이며, 天(천)을 그릇 믿지 말라. 侍定知(시정지)에 依(의)하여 信仰(신앙)할 것이니라. 思(사)컨대 傳道者(전도자) 明(명)치 못하고 信道者(신도자) 正(정)치 못하여 妄言僞呪(망언위주)로써 亂道蔑法(난도멸법)의 弊(폐) 없지 아니하니, 諸君(제군)은 삼가 나아갈지어다.

천운이 돌아와서 오만년의 대도가 창명되었습니다. 이제 세상의 모든 악과 부조리는 진리를 밝힌 삼칠자의 신령한 주문을 믿어 없앨 수 있습니다.[13] 그러나 대도는 때를 따라 숨기도 하고 운에 응하여 나타나기도 하며 활용하는 것입니다.

도를 잘못 닦지 말고, 오직 정성·공경·믿음을 지켜 나가야 합니다. 한울을 잘못 믿지 말고, 시·정·지[14]에 의하여 신앙해야 합니다. 생각건대 도를 전하는 사람이 밝게 알려주지 못하고 도를 믿는 사람이 바르게 믿지 못하면, 망녕된 말과 거짓 비는 것으로 도를 어지럽히고 한울의 법을 업신여기는 폐해가 생깁니다. 여러분은 삼가며 바르게 수행해 나아가세요.

20. 君子(군자) 患難(환난)에 處(처)하면 患難(환난)대로 함이 其道(기도)

---

13 "삼칠자를 그려내니 세상악마 다 항복하네." (『동경대전』, 「강시」)
14 '시천주 조화정 영세불망 만사지' 13자 주문의 요약.

요, 困窮(곤궁)에 處(처)하면 困窮(곤궁)대로 함이 其道(기도)니, 吾輩(오배)大患(오배대환)을 經(경)하고 大禍(대화)를 過(과)한 今日(금일)이라, 마땅히 更新(경신)의 道(도)로써 天理(천리)의 流行(유행)에 順應(순응)할 따름이니라.

군자가 근심과 재난에 처하면 그 상황에 맞춰서 행함이 한울의 도요, 곤궁에 처하면 곤궁대로 하는 것이 바른 도입니다. 우리는 큰 근심과 재난을 지내고 큰 화를 겪었습니다. 당연히 이전의 좋았던 때는 잊고 다시 지금 상황에 맞는 새로운 도로 천리의 변화에 순응할 따름입니다.

21. 木(목)의 根(근)이 不固(불고)하면 風(풍)을 遇(우)하여 顚倒(전도)할 것이요, 水(수)의 源(원)이 不深(불심)하면 盈科前進(영과전진)치 못하나니, 人心(인심)이 또한 如是(여시)하도다. 心(심)이 不定(부정)하면 半信半疑(반신반의)하여 事(사) 成(성)치 못하며 功(공)에 就(취)치 못하나니, 修道(수도)는 遠路(원로)를 行(행)하는 人(인)과 如(여)하나니, 遠行(원행)하는 人(인)이 中途(중도)의 險難(험난)을 忌(기)하여 反(반)하면 其可(기가)하랴. 修道(수도)는 掘井(굴정)과 如(여)하니 井(정)을 掘(굴)하는 人(인)이 源泉(원천)을 未見(미견)하고 棄(기)하면 其可(기가)하랴. 修道(수도)는 爲山(위산)과 如(여)하니 山(산)

을 造(조)하는 人(인)이 一簣(일궤)를 虧(휴)하여 前功(전공)을 棄(기)함이 其可(기가)하랴.

나무의 뿌리가 굳건치 않으면 바람에 넘어지고, 물의 근원이 깊지 않으면 웅덩이를 가득 채워 앞으로 나가지 못합니다.[15] 사람의 마음이 또한 이와 같습니다. 마음이 한울의 덕에 하나 되길 굳게 정하지 않으면 반신반의하여 일을 이루지 못하며 공도 이루지 못합니다.

수도는 먼 길을 가는 사람과 같아서, 먼 길을 가는 사람이 중도에 험하고 어려움을 꺼리어 되돌아가면 되겠습니까.[16] 수도는 우물을 파는 것과 같아서 우물을 파는 사람이 샘의 근원에 도달하기 전에 포기하면 그것이 옳겠습니까. 수도는 산을 만드는 것과 같아서 산을 만드는 사람이 한 삼태기 흙을 덜 하여 앞서 이룬 공을 포기하면 어떻게 되겠습니까.[17]

---

15 강서, 각주 참조.
16 "원처에 일이 있어 … 중로에 생각하니 길은 점점 멀어지고… 배회노상 생각하니 정녕히 알작시면 이 걸음을 가지마는 어떨런고 어떨런고 도로회정 하였더니 저 사람 용렬하고…." (『용담유사』, 「흥비가」)
17 "아홉 길 조산할 때 … 어서 하자 바삐 하자 그러그러 다해 갈 때 이번이나 저번이나 차차차차 풀린 마음 조조해서 자주 보고 지질해서 그쳤더니 다른 날 다시 보니 한 소쿠리 더 했으면 여한 없이 이룰 공을 어찌 이리 불급한고…." (『용담유사』, 「흥비가」)

22. 修道(수도)는 牧羊(목양)과 如(여)하니 牧人(목인)이 狼群(낭군)의 來(래)함을 見(견)하고 羊群(양군)을 그대로 放棄(방기)함이 其可(기가)하랴. 修道(수도)는 治園(치원)과 如(여)하니 園丁(원정)이 風雨(풍우)를 苦(고)하여 稚花(치화)를 雜草中(잡초중)에 放置(방치)함이 其可(기가)하랴. 諸君(제군)은 오직 本來(본래)의 目的(목적)에 依(의)하여 精進不怠(정진불태)하라.

수도는 양을 치는 것과 같습니다. 목장에서 일하는 사람이 이리 떼가 오는 것을 보고 양 떼를 그대로 버리어 돌아보지 않으면 어떻게 되겠습니까. 수도는 정원을 가꾸는 것과 같습니다. 정원을 보살피는 사람이 바람과 비를 괴로워하여 어린 꽃을 잡초 속에 내버려 두면 그것이 옳겠습니까. 여러분은 오직 본래의 목적을 따라 게으르지 말고 정진하세요.

23. 弓乙(궁을)은 우리 道(도)의 符圖(부도)니, 大先生(대선생) 覺道(각도)의 처음에 세상 사람이 다만 한울만 알고 한울이 곧 나의 마음인 것을 알지 못함을 근심하시어, 弓乙(궁을)을 符圖(부도)로 그려내어 心靈(심령)의 躍動不息(약동불식)하는 形容(형용)을 表象(표상)하여 侍天主(시천주)의 뜻을 가르치셨도다.

궁을은 우리 도를 상징하는 그림입니다. 대선생께서 도를 깨달은 처음에 세상 사람이 다만 한울만 알고 한울이 곧 나의 마음인 것을 알지 못함을 근심하시어, 궁을을 그림으로 그려내어 심령이 쉬지 않고 약동하는 모양을 표현하여 시천주의 뜻을 가르치셨습니다.[18]

---

18 "나에게 영부 있으니 그 이름은 선약이요 그 형상은 태극이요 또 형상은 궁궁이니, 나의 영부를 받아 사람을 질병에서 건지고"(『동경대전』,「포덕문」) * 의암 선생 때 이 궁을을 형상화하여 천도교기인 궁을기를 만들었다.

동학네오클래식 05

해월신사법설

등록 1994.7.1 제1-1071
1쇄 발행 2021년 9월 15일

역 주   라명재
펴낸이   박길수
편집장   소경희
편 집   조영준
관 리   위현정
디자인   이주향
펴낸곳   도서출판 모시는사람들
            03147 서울시 종로구 삼일대로 457(경운동 수운회관) 1207호
전 화   02-735-7173, 02-737-7173 / 팩스 02-730-7173
홈페이지   http://www.mosinsaram.com/

인 쇄   (주)성광인쇄(031-942-4814)
배 본   문화유통북스(031-937-6100)

값은 뒤표지에 있습니다.
ISBN 979-11-6629-052-7   04250
SET   978-89-97472-22-2   04250